FLIX SPECIAL

大特集『ブレードランナー2049』
このカルトSF映画を観よ！　厳選100本を紹介

COVER PHOTO：『ブレードランナー』© Ladd Co.／T.C.D.／VISUAL Press Agency／Zeta Image

CONTENTS

『ブレードランナー2049』大特集

『ブレードランナー』徹底分析

special

ナー2049

2019年、タイレル社によって開発された人造人間レプリカント。製造から数年経ち感情が芽生えたレプリカントは人間に反旗を翻した。人間社会に紛れ込んだ彼らを追跡して抹殺する任務を課せられたのが、捜査官のブレードランナーであった。それから30年後の2049年、貧困と病気が蔓延するカリフォルニア。人間と見分けのつかないレプリカントが労働力として製造され、人間社会と危うい共存関係を保っていた。

ブレードラン

Blade Runner2049

2017年アメリカ映画／監督＝ドゥニ・ヴィルヌーヴ／出演＝ライアン・ゴズリング、ハリソン・フォード、アナ・デ・アルマス、シルヴィア・フークス、ロビン・ライト、マッケンジー・デイヴィス、カーラ・ジュリ、レニー・ジェームズ、デイヴ・バウティスタ、ジャレッド・レト／上映時間＝163分／配給＝ソニー・ピクチャーズ エンタテイメント／10月27日より丸の内ピカデリーほか全国にて公開

『ブレードランナー2049』

かつてブレードランナーだったデッカードの行方を突き止めたK捜査官は、衝撃の事実を知らされるのだった

文=はせがわいずみ

捜査のためにサッパー・モートンの住処を訪れるK

ネクサス8型のレプリカント、モートンの帰りを待つK

映画は2049年のロサンゼルス上空から始まる。空飛ぶ車、スピナーに乗ったロサンゼルス市警のK捜査官が郊外の農園に降り立つ。そこにはビニールハウスのような建物の中で、食糧源となる虫の養殖をするネクサス8型のレプリカント、サッパー・モートンがいた。

〝廃棄〟の任務を終え、スピナーに戻ろうとしたKだが、サッパーの家の前に立つ1本の枯れ木が気になった。相棒ともいえるドローンを飛ばして地中をスキャンさせた彼は、根元に大きな箱が埋まっているのを発見する。中には、白骨化した死体が入っていた。鑑識の結果、その骨は女性のレプリカントのものだった……。

上司ジョシの命令で、白骨化したレプリカントについて捜査すること

『ブレードランナー』タイムライン
2018 to 2049

2018年
異星の植民地におけるネクサス6型の戦闘団による反抗後、レプリンカントは地球において死刑に値する移送の存在と宣告される。

2019年
試作品のレプリカントであるレイチェルと〝ブレードランナー〟捜査官リック・デッカードは共にロサンゼルスから逃亡する。

2020年
創設者であるエルドン・タイレル氏の死去後、タイレル社はネクサス8型のレプリカントを流通させるべく開発を急ぐ。4年の寿命しか持たないこれまでのネクサス・モデルとは違い、ネクサス8型は制約のない寿命を待ち、簡単に識別できるように眼球移植をされている。

2022年
大停電が起こる。西海岸で原因不明の爆発が起こる。街は数週間に渡り、閉鎖された。アメリカ国内の電子的なデータはほとんど破損し、破壊された。財政や史上は世界的に停止し、植物の供給は切迫。停電の原因についての見解が広がるが、どれも証明されていない。世の大半はレプリカントが原因だと非難している。

2023年
レプリカント禁止法が制定。統治権力者はレプリカント製造を無期限的に禁止する法律を制定する。4年の寿命しか持たないネクサス6型モデルは全て退役となる。生き残ったネクサス8型は解任される。

2025年
理想主義的な科学者ニアンダー・ウォレスは、遺伝子組み換え食物を開発し、その技術を無償で提供し、世界的な食糧危機を終焉させる。彼の会社ウォレス社は世界に進出し、その力を異性の植民地までへも広げる。

2028年
ニアンダー・ウォレスは倒産したタイレル社の負債を買い取る。

2030年代
ニアンダー・ウォレスはタイレル社の遺伝子工学と記憶移植の方法を強化し、レプリカントを従属的かつ制御可能にするため開発を進める。

2036年
レプリカント禁止法が廃止になる。ウォレスは新型の〝完成形の〟レプリカント、ネクサス9型を発表する。

2040年代初期
ロサンゼルス市警察は既存のブレードランナー組織を強化。違法のレプリカントを探し出し。解任する役目を負う。

2049年
前作から30年後のロサンゼルス。気候変動により海抜が劇的に上がる。巨大な海壁がセプルベダ・パス（サンタモニカ山脈を通る山道）沿いに建設され、ロサンゼルス地域を保護している。ロサンゼルスは以前にも増して居住不可能となり、貧困と病気が蔓延している。異性の植民地への移住が出来ない不健康な人間たちが取り残されている。新鮮な食物はなく、居住者たちは道端の自動販売機で販売されている、ウォレス社の遺伝子組み換え食物によって生き長らえている。

K捜査官の上司ジョシ警部補

自宅アパートの鍵を開けるK

ウォレス社で、旧型レプリカントの情報を集めるK

ウォレスの右腕とも言える部下のラヴ

レプリカントの研究を進める天才科学者
ニアンダー・ウォレス

になったKは、旧型レプリカントの記録を保管するレプリカント製造会社ウォレス社に足を運ぶ。創業者のニアンダー・ウォレスの忠実な部下、ラヴの案内で過去の記録を見聞きするも、決定的な手がかりは見つからないように思えた。

現場百遍とばかりに、サッパーの家を再び訪れたKは、女性の写真とある数字を見つける。その数字は、自分に深いかかわりがあると感じるKは、白骨化したレプリカントについて捜査を続ける。そして、かつてブレードランナーだったデッカードの行方を突き止めたKは、彼と対峙し、衝撃の事実を知らされるのだった!!

本作で最も特筆すべき点は、オリジナルの世界観を見事に踏襲しているところ。ダークで混沌とした街にはカラフルな動く広告が溢れ、登場人物たちはどこか哀愁を帯びている。日本人にとって嬉しいのは、看板の文字のほとんどが前作同様、日本語であること。おまけにKが捜査で使うマシンの1つは日本語を話すが、それを当たり前に受け入れているシーンは、前作のデッカードと日本人の屋台のオヤジとのやり取りのシーンを彷彿とさせる。そう、『ブレードランナー』の世界では、人々は外国語を何の抵抗もなく受け入れる。ある意味、理想的な環境と言えるかもしれない。

前作の時代設定は2019年。あ

ウォレス社に来たKはラヴに捜査の協力を求める

ジョシ警部補のもとにやって来たラヴの目的は？

Kと共に便利屋ドック・バッドガーを訪れるジョイ

ラスヴェガスでデッカードの居場所を突き止めたK

不審者と思いブラスターを向けるデッカード

と2年経っても空飛ぶ車やレプリカントが存在するとは思えないが、それから30年後の本作の世界、2049年には〝あり得る〟物や事象が次々とスクリーンに登場する。スピナーに装備されているドローンは、来年にも警察に導入されそうだし、Kが市場で食事するシーンに登場するご飯の自動販売機やホログラムの広告も、近い将来、当たり前に存在しそうだ。そして、雨が降り続け、息が白くなるほど気温が低下した、映画の中のロサンゼルスに雪が降るのもいずれ現実になる可能性はなきにしもあらずだ。なぜなら、ここ数年の異常気象で、ロサンゼルスでは雨の日が多くなっているから……。

ライアン・ゴズリングを念頭に置いて脚本が書かれたとされる主人公K。彼のどことなく哀愁を帯びた雰囲気は、心にかげを持つキャラクターにピッタリだ。常に自分の居場所に違和感を覚えているような印象を放つのも、異邦人として、ハリウッドで活躍してきたカナダ人ならではのものかもしれない。そうした違和感がKの人生を暗喩するのに大きく役立っているのは言うまでもない。

サッパーに扮したデイヴ・バウティスタに『ガーディアンズ・オブ・ギャラクシー：リミックス』公開時にインタヴューした際、『ブレードランナー 2049』ではどんな役を演じるのか訊いたところ、「セリフがあるというだけでなく、素晴ら

デッカードの住処にいきなり謎の一団が現れる

謎の男たちに襲われるデッカード

襲撃してきた謎の男たちに反撃するK

しい役。これ以上は言えないよ」と話してくれたが、映画を観て彼の言葉に納得した。本作でのサッパーは、Kに〝廃棄〟されるだけの役ではない。スピンオフの形で彼の経験をいつか紹介してほしいと願うのは筆者だけではないはず。

　オリジナルでリドリー・スコットが見せた日本への興味とリスペクトを引き継いだ本作。ロビン・ライトの役名にもそれが反映されていたことに気づいたのは映画を観た後だった。Kの上司である警部補の名前は、「Joshi」。英語で上司を表記すると「Joshi」。そう、Kの上司は「じょうし」だったのだ!! このユーモアたっぷりな一致、偶然ではないと確信する。ライトは『ワンダーウーマン』に続き、タフな女性役を演じたが、フェミニンさと強さのバランスが本作に程よいスパイスを効かせていた。

　ダークヘアに面長の顔立ちで、スーツを着こなすラヴは、一見、前作のレイチェルを彷彿とさせるが、性格は全く違っている。戦闘能力抜群の彼女は、ツメの手入れをしながらミサイルを次々と発射し、格闘技もお手の物という強者。扮するシルヴィア・フークスは、研ぎ澄ましたナイフのようなシャープな雰囲気でラヴを演じきった。記者会見に現れた彼女は明るいブロンドの髪に柔らかなシフォン生地のドレス姿で、全く違う印象だったのでしばらく同一人

物だと気づかなかったほどだ。

メソッド俳優として有名なジャレッド・レトは、目が不自由という設定のニアンダー・ウォレスを演じるに当たり、撮影以外でも視界を遮るコンタクトレンズをずっとしていたと聞き、彼の熱演を楽しみにしていた。しかし、意外にも登場シーンは少なかった。ただ、彼がスクリーンに登場する度に、緊張感が走り、空気が電気を帯びたように感じた。ラヴから漂う畏怖の念や、ジャレッド扮するニアンダーの強烈な存在感に圧倒されない人はいないだろう。

前作『ブレードランナー』で苦い思いをしたとされ、長年、同作から距離を置くも、ある時期からは「和解した」と言われていたハリソン・フォード。ファンとしては、デッカードが登場しない続編はあり得なかっただけに、本作への出演決定のニュースは世界中で喜びをもって迎えられた。ただ、続編の主人公はあくまでもK。前作でレイチェルと逃避行して行方をくらましたデッカードが、どうやってストーリーに絡んでくるかは観てのお楽しみ。70歳を越えたフォードとゴズリングとの格闘シーンは、ファンの欲求を十分に満たしてくれるものであることはお伝えしておこう。また、ブレードランナーという同業者としての枠を超えた2人の信頼関係は、そのまま先輩俳優と後輩俳優の信頼関係もにじませるものでもあった。

登場人物紹介
Characters

K捜査官
OFFICER K

ライアン・ゴズリング
ロサンゼルス警察のために、ネクサス9型のブレードランナー。ネクサス8型の追跡と廃棄を任されている。

リック・デッカード
RICK DECKARD

ハリソン・フォード
30年間行方不明だったブレードランナー。

ジョイ
JOI

アナ・デ・アルマス
K捜査官の恋人。

ラヴ
LUV
シルヴィア・フークス
ネクサス９型のレプリカントか？　ウォレスの右腕。

ジョシ警部補
LT. JOSHI
ロビン・ライト
K捜査官の上司。厳しいながらKのことを大事に思っている。

サパー・モートン
SAPPER MORTON
デイヴ・バウティスタ
K捜査官に追われているネクサス8型のレプリカント。郊外の農園で食糧源となる虫の養殖を行なっている。

ニアンダー・ウォレス
NIADER WALLACE
ジャレッド・レト
ウォレス社の盲目のオーナー。K捜査官のようなネクサス９型の能力を高めた天才科学者。

マリエット
MARIETTE
マッケンジー・デイヴィス
ビビの市場で仕事をする娼婦。K捜査官に興味を持っている。

ミスター・コットン
MISTER COTTON
レニー・ジェームス
K捜査官が調査に訪れる児童養護施設の影のオーナー。

ドック・バッドガー
DOC BADGER
バーカッド・アブディ
修理を請け負ったり、必要な物を探すのが得意な便利屋。

アナ・ステライン医師
DR. ANA STELLINE
カーラ・ジュリ
K捜査官が捜査で出会うウォレス社の社員。

フレイサ
FREYSA
ハイアム・アバッサ
マリエットのボス。ビビの市場にいる謎の人物。

ライアン・ゴズリング
Ryan Gosling

文＝オレン・バークレイ／訳＝富永晶子

『ブレードランナー』の宇宙の一部になるなんて、実に素晴らしい

――監督に、全シーンでハリソン（・フォード）を想像してくれと言われたというのは、本当ですか？

ライアン・ゴズリング（以下G）（笑）いつも心の中でこう問いかけているよ。ハリソンが満足するかどうかってね。実のところ、彼がどう思うか、よく分からなかったんだ。だから、ハリソンがセットに到着し、腕まくりしながら、すぐさま仕事にとりかかるのを見て、心からほっとしたよ。ハリソンは最高の相手役だし、とにかく素晴らしい。彼が加わってようやく、ついに始まった、という実感がわいた。

――オリジナルの『ブレードランナー』を、観たことがありました？

G もちろん。でも、僕が観たのは、公開されてから10年ほどあとだった。一度観ただけで、唖然としたね。観終わったあと、どう感じたらいいのか分からなかった最初の映画だった。それに、あのあとどうなるのかが、気になって仕方がなかった。それまで、映画を観てそんな気持ちになることは一度もなかったのに。それから何週間も、いろんな想像が頭の中を駆けめぐっていた（笑）。

――『ブレードランナー２０４９』の製作中に学んだ最大の教訓はなんでしたか？

G そうだな……電気製品を丁寧に扱うことかな。まじめな話だよ（笑）。

――撮影後、ハリソンと2人で街をうろついていたそうですね。

G 半分ブレードランナーのふりをしながら、よくブラッドベリ・ビルやユニオン駅を歩きまわった。

――ハリソン・フォードのような人と一緒に過ごして、いちばん良かったことはなんですか？

G 一緒に過ごしてみて、自分が好きなハリソンの出演作の印象的なシーンは全部、彼が登場するシーンだと気づいた。たとえば、『スター・ウォーズ』のハン・ソロとプリンセス・レイアの「愛してる」「分かってる」という名シーンや、『インディアナ・ジョーンズ』で敵を撃つシーンとかね。ハリソンは常に、あのまんまの人なんだ。僕はいつも、ひとつのシーンには１００通りの演じ方があると言っているが、ハリソンと共演してみると、最高の演じ方はひとつだけだと分かる。しかもハリソンは、すでにそれを見つけているんだよ。この映画で、ハリソンはカミソリの刃の上を綱渡りしているようなものだ。オリジナルに忠実でいると同時に、それとは別の映画にし、そのスタイルを保とうと努力する。彼は、それを見事にやってのけた。

――ほかのキャストとの共演は、いかがでしたか？

G （笑）。『アベンジャーズ』のフットボール・チームと過ごしているみたいだったよ。

――撮影はすべて終了し、あとはファンにお目見えするだけですが、どんな気分ですか？

G 『ブレードランナー』の宇宙の一部になるなんて、実に素晴らしい。まったくシュールだ。子供の頃に観て、演技を愛する大きなきっかけとなった映画の一端を担えるなんて、とにかく信じられない気持ちさ。もちろん、今回の映画はあの35年後だから、以前の『ブレードランナー』とは違う。だが、これがまぎれもなく『ブレードランナー』の宇宙であることは、すぐに分かる。ただ、そこに変化が加わっているだけだ。この映画はオリジナルのストーリーを継続し、それがいかに力強いものだったかを証明している。オリジナル映画で俳優たちが作りあげたキャラクターも同様だ。35年経った今も、人々がそうしたキャラクターやそこで描かれている世界、そのストーリーがどう発展していくのか、いまだに大きな関心を持っているなんて、まったく驚きだね。

――オリジナルの映画を観ていることは、重要ですか？

G 観客は、オリジナルの映画を見ているいないにかかわらず、この映画を馴染み深いと感じるはずだ。これは、『ブレードランナー』がSF映画とそのジャンル、さらには実際の生活における預言という形でさえ、どれだけ大きな影響力を誇っているのかを示していると思う。でも、説得力のあるストーリーを持ち、現実的なSF作品でもある。ファンタジーの要素はたくさんあるが、それでも理にかなった、感情に訴える映画だと感じられる。ほら、『ブレードランナー』の宇宙の大きさをとって

も、とにかく実際的だよね。彼らが撮影で作りあげたのは、生きて、呼吸している宇宙だ。それをスクリーンで見たら、そのスケールには、きっと圧倒されるだろうな。

——ハリソン・フォードと共演する人々に向けて、ひとつだけアドヴァイスはするとしたら？

G　ハリソンのトレーラーには間違っても入らないこと。とにかく、絶対だめだ。あそこは『スター・ウォーズ』に出てくるデス・スターみたいなもので、植物なんかはみんな枯れてしまう。おまけに、あのトレーラーだけは、天気まで違うんだ（笑）。

——「いま『ブレードランナー』の撮影をしてるんだ」と実感したのはいつですか？

G　まだ実感が分かない。プレミアに行ったら、実感できるかな。

——ハリソン・フォードと一緒に撮った最初のシーンはどんな感じでしたか？

G　ほっとしたよ。当然だろう？ ハリソンは抜かりないんだ。

——名作となっている映画に出演するには、かなりのプレッシャーがかかると思いますが、『ブレードランナー』のレガシーを守るために、何を最優先したんでしょうか？

G　そうだな……まず、リドリーとハリソン、クリエイティヴ・チームの全員が、この映画を作る時がきたと判断した。語るべきストーリーがある、と。『ブレードランナー』のストーリーはこうやって進化していく、世界はこうやって進化していく、とね。それに関して、議論の余地はあるかもしれないが、僕はまず脚本を読み、そこに語るべきストーリーはあるのだろうか、と自分に問いかけてみた。そのストーリーは、独自のものとして成り立つか？ この映画には、とてつもない労力に値するものがあるのか？ 脚本を読んだあとは、そのすべての答えがイエスだと確信した。しかも、関わっている人々はみな非常に優秀で、キャストも素晴らしいし、建物やセットを作りあげていたブダペスト（ハンガリー）の職人たちの腕前も見事だった。そうやって、このプロジェクトは広がりつづけていった。いわば舵取りの役目を果たすストーリーテラーが、とにかく大勢いた。セットでは、ストーリーが何より重要視された。美観に関する選択はすべて、ストーリーとキャラクターをもとになされた。そのことが、大きな確信をもたらしてくれたね。僕にとっては、大きな挑戦でもあったが、同時にこのチャンスにわくわくした。

——ハリソン・フォードは、アクション・ヒーローの伝説とも言える存在ですよね。一方、あなたはこれまでアクション・ヒーローを演じたことはありませんでした。それについてはどうだったんでしょうか？ こういったタイプの役をオファーされたことはありましたか？

G　ほら、『ブレードランナー』の続編は、ユニークな映画だからさ

profile

1980年11月12日生まれ、カナダ・オンタリオ州出身。子役を経て、01年に『ザ・ビリーヴァー』で主演する。04年に出演した『きみに読む物語』で大きく注目され、その後、『ラースと、その彼女』(07)、『ブルーバレンタイン』(10)、『ドライヴ』(11)、『マネー・ショート 華麗なる大逆転』(15)、『ラ・ラ・ランド』(16)に出演する。また、『ロスト・リバー』(14)で監督デビューも果たしている。

（笑）。たしかに、アクションはたくさんあるけれど、ほかのジャンルの要素もたくさんある。様々な様式やテーマ、アイディアが融合されているんだ。『ブレードランナー』の続編が作られるとは、思ってもみなかった。その決断がなされたことにびっくりしたし、一ファンとしてどういう作品になるのか知りたかった。その後脚本を読んでみたら、素晴らしいストーリーだった。そういうわけで、出演を決めたのさ。

――映画の中で、あなたとハリソンは2人とも、ブレードランナーです。35年前の『ブレードランナー』とはどう違うんですか？

G 僕が説明するより、映画を観たほうがよく分かると思うな。周囲の状況や世界が35年前とは変わっている。当然、彼らの仕事も昔とは違う。大きな違いは、彼らが、いわば、社会から葬り去られた存在だということだ。ブレードランナーは、ひどく孤独な存在として、影の中に生きている。僕のキャラクターは仕事を除けば、自分は何者なのかという葛藤に苦しんでいる。悪夢のような仕事と人生の中で、人とのふれあいや絆のようなものを求めているんだ。

――その、おそらくは非常に不幸せな人物の役作りを、どんなふうに始めましたか？

G 彼は自分の住む世界と時代を反映した男だ。その世界のほとんどは、（監督の）頭の中にあったから、できるかぎり早くブダペストに向かうことが重要だった。なるべく多くの時間を彼と一緒にセットで過ごし、彼が築きあげている世界をこの目で見て、彼が自分の頭の中にあるストーリーを語る手伝いをすることがね。

――次回作では、本当に（宇宙飛行士の）ニール・アームストロングを演じるんですか？

G 素晴らしい物語だよ。宇宙旅行という大きな冒険の中にある個人的な物語に焦点を当てるというデイミアンの視点も、面白いと思う。冒険と個人的な生活、両方語るわけだ。僕は、ニールの家族と一緒に過ごすという信じられないほどのチャンスに恵まれた。この映画が出来上がるのを楽しみにしているんだ。

――トップに上りつめた俳優として、常に決断を下さなければならないこと、常にバッターボックスに立たねばならないというプレッシャーに、どのように対処しているんですか？ 最新作『ブレードランナー』は、いま最も注目されている出演作ですよね？ そのまえには、『ラ・ラ・ランド』が大ヒットしました。

G とにかく、リスクを取る価値はあると思った。二度とない経験になると分かっていた。これは、僕たち製作者側の人間だけでなく、映画ファンにとって、ただのエンターテインメントじゃない、有益な経験になるはずだ。

――今年のヴェネツィア映画祭では、映画の上映前に、必ず新しいプロモーション映像が流れました。有名な映画からのクリップです。『タクシードライバー』の（ロバート・）デ・ニーロや、オードリー・ヘップバーンのシーンなどの。最後から二番目、あなたとエマの『ラ・ラ・ランド』のワンシーンで、観客から拍手が贈られたんですよ。

G ワオ！ ありがとう。すごくうれしいよ。

profile

1942年7月13日生まれ、シカゴ出身。66年、『現金作戦』で映画デビュー。73年の『アメリカン・グラフィティ』の出演に続き、ジョージ・ルーカス監督の『スター・ウォーズ』（77）で大ブレイク。アメリカ映画界を代表するスターになる。主な出演作は『レイダース／失われたアーク《聖櫃》』（81）、『刑事ジョン・ブック 目撃者』（85）、『逃亡者』（93）、『今そこにある危機』（94）、『エアフォース・ワン』（97）、『インディ・ジョーンズ／クリスタル・スカルの王国』（08）、『スター・ウォーズ／フォースの覚醒』（15）など。

ハリソン・フォード
Harrison Ford

文＝オレン・バークレイ／訳＝有澤真庭

「1作目で構築したものを出発点にできた。とはいえ続編を楽しむために前作を観る必要はないよ。そこが構成の妙なんだ。続編だが自立している」

――35年ぶりに役に戻ってくるのはどんな感じ？

ハリソン・フォード（以下F）　デッカードが銀幕に戻るとしたら、ストーリーに無理なくはまり、感情的な意味合いを与えられた場合に限ると感じていたが、確かに本作にはそれがあると（リドリー・スコットに）伝えたよ。長い間の空いたキャラクターの役作りをするのは興味深い。『ブレードランナー２０４９』の撮影で大いに楽しめた部分は、ライアン・ゴズリングとの共演だ。ライアンは本物の役者で、彼独自の繊細な理解力を表現する。ライアンとの共演場面で自分がどう受け止めるのか見当がついたためしがない。それがよかった。

――新作を撮った経験を振り返って、特に印象に残るところは？

F　そう言えば、不意を突かれたシーンがひとつだけある。ライアンとの最初の重要な共演場面で、デッカードの過去について、この30年間何をもくろんでいたかを語るうち……予想外に感情的になってしまった。

――全体を通し、続編を作って一番満足した点は？

F　楽しめたが、それ以上にやりがいのある脚本が送られてきたのが本当にうれしいよ。撮り終えた成果にはすごく満足している。

――ドゥニ・ヴィルヌーヴ監督との仕事はどうでしたか？

F　監督はひとりひとり違う。（1作目で）リドリー・スコットと仕事したのは興味深かったね（笑った後に微笑み）。彼は好きだよ。素晴らしい男さ。ドゥニは性格がまったく違う。

――今回はどんな点が違いましたか？

F　違うか同じかなんて、あまり考えたことはない。やるべき仕事があり、語られるべきストーリーがあり、それをやるだけだ。

――ご自身については口が重いと言われています。そのため謎めいていると。

F　（笑って）話さないに越したことはないと思ってる。ただやるべし、理屈をごねるな。記者たちが説明を求めたとしてもね（頭を振ってうなる）。

――「自分のことは全部すでに活字になっている」とあなたが答えた記事を読みました。本当に？

F　リサーチしてくれよ。自分の考えは何ひとつ、たとえ30年経とうが変わってない。びくともね。

――映画に出ようと思う動機は？　たとえば本作とか。何がやる気にさせるのですか？

F　マイナス面は見当たらなかった。プラス面は、これまでやった映画や最近オファーされたものとは全然毛色が違ったことだ。それに報酬をもらったし。報酬をもらうのはいつもうれしいよ（ニヤリとする）。

――ジェームズ・リプトンの「アクターズ・スタジオ・インタヴュー」に出演したときのあなたが忘れられません。母親がユダヤ人で父親が広告代理店の重役だとは知りませんでした。

F　そう、事実だ。父はアイルランド系のカトリック、母はロシア系ユダヤ人だとリプトンに話した。

――それからこう言いました。「一個人として自分は常にアイルランド人だと感じ、役者としては常にユダヤ人だと感じる」と。

F　そうだ。今でもそう感じている。

――ライアン・ゴズリングを顔面パンチしたなんて嘘ですよね？

F　本当だ。

――（笑って）またまた。

F　やつの役目は拳の届く距離から離れることだった。俺の役目は慎重に加減して打つこと。だけど2人とも動いていたし、カメラも動いていたから、真に迫って見える角度を意識した。１００回ばかりパンチして、当たったのは一度だけだ。言わせてもらえりゃ、失敗したのが一度きりでライアンは感謝すべきだ。『ブレードランナー２０４９』のセットで起きたあの事故は90％俺の落ち度さ（ニヤつく）。

――おわびにあげたスコッチの瓶はどうしたんですか？

F　ああ、スコッチの瓶に何が起きたんだろうな？　顔にパンチを食らわした後、ライアンを脇につれてっておわびの印にスコッチを一杯注いだら、瓶ごと取られた！　何を期待したんだか――ひと瓶まるごと？　一杯で埋め合わせがつくと思った。

十分だ。そのはずだった。

――ドゥニ・ヴィルヌーヴ監督によれば、あなたとリドリーはいまだに1作目のテーマについてもめてるとか。その話題になると2人して声を荒らげると……（笑）。

F　それは本当だが、つけ加えることは何もないね。

――もし『ブレードランナー』の続編が作られたとしても、あなたが出演しなければ真の『ブレードランナー』映画とはいえないという意見が多くありました。それを踏まえたうえで、出演した理由は？

F　非常に優れたアイディアに基づいた非常に優れた脚本が手に入れば、それだけで理由になる。脚本では俺の役がより深く掘り下げられていた。映画の中で他のキャラクターと強い、感情的な関わりを持つ。脚本を読んだとき、すごく深みを感じたよ。

――では1作目の後、何が起きたのかという謎への手がかりになると思いますか？

F　（笑って）俺がどう思うかは関係ないよ。

――1作目は人類とテクノロジーの関係について深く追求していました。38年後、テクノロジーへの依存は目に見えて増えています。あなたの意見は？

F　オリジナル映画はレプリカントの創造とその用途をめぐる倫理を探り、今作ではさらにそれをおし進めている。でもそれ以上は言わない。

――オリジナルでルトガー・ハウアーがあなたに言ったセリフ、「俺はお前たちが信じられないような光景を見てきた」がお気に入りです。あなたが目にした信じられないような光景は？

F　感嘆したのは、毎日セットがひとつずつ組まれるのを目にし、あの素晴らしい環境に浸れることだった。CGにもできたが、実物を目にするのとは違う。照明を感じ、音がセットに反響するのを感じるのとは。

――35年後に『ブレードランナー』のセットに戻った初日、あなたはライアンが素っ裸のアナ・デ・アルマスといるところへ踏みこみます。

F　その通り。雨が降っていて、アナは裸だった。最高の復帰祝いだね。

――インディアナ・ジョーンズの役を再び演じますね。これが最後？　最後にしたいですか？

F　最後かどうか分からないし、何度演じても構わないよ（笑）。

――アイコン的な役をはしから再び演じ、ひとつが次につながった？

F　まあね。

――あなたが演じた人気シリーズ作の役を、すべからく復帰させると誓わされたとか？

F　まさにそれだな（笑）！

――今回の新作を撮って、オリジナル撮影当時の記憶が呼び覚まされましたか？

F　1作目の記憶がよみがえったね。雨が降ってた、ずっと（笑）。疲れたよ。でも出来には満足し、リドリーとの仕事は印象深い経験だった。だがずっと昔の、遠い遠い世界での出来事だ（笑）。

――本作と1作目は、とてつもなく刺激的なヴィジュアルが際立っています。役作りや役に入りこむため、視覚的なインパクトは役者にとってどれほど重要ですか？

F　映像は千もの言葉に値し、その場面用に視覚面でたくさんの思いがこもったセットに立つと、自分が支えられ、やらなくていいことが分かる。そこにいなければならないのは言わずもがな、ほかの役とストーリーに貢献するためにね。だがヴィジュアルによって、自信を得られることがたくさんある。

――デッカードを再び演じることで達成できると期待したことは？

F　この役について観客がより理解できる機会を与えられること。ストーリーを語る一翼を担うこと。それから他のスタッフと組むのが楽しみだった。ライアンやドゥニとね。だから俺にとってはまたとない機会だった。

――この30年、デッカードのその後についてよく考えましたか？

F　そもそもいろんなエンディングが存在し、リドリーの『ファイナル・カット』版で決着した。ナレーション付きの、夕暮れ目指して走って行くやつよりずっと気に入った。ちょくちょく考えたさ。いかにたくさんの監督があの映画から影響を受けたか聞かされ通しだったからね。それにある種の破滅的なストーリーテリ

ングを定義づけもした。あの映画が我々の文化にいかに絶大な影響を与えたことか。未来の一部を思い描いたあれやこれやの予見性。それと俺の人生への影響は実に大きいね。

——あなたは映画史上に輝くアクション・ヒーローです。

F まあ、以前はね。

——本作で継承していますよ。

F オーケー。でもこれはアクション映画じゃないよ。

——ですが、デッカードは命がけで敵と闘います。

F オーケー、だが（通常の）アクション映画の範ちゅうより、もっと大きな枠組みなんだ。

——それならば本作であなたが演じる役に、どこから手をつけましたか?

F 当然、1作目で構築したものを出発点にできた。とはいえ続編を楽しむために前作を観る必要はないよ。そこが構成の妙なんだ。続編だが自立している。でもオリジナルを観て楽しめることに変わりはなく（笑）、楽しんでほしいと願うね。

——リドリー・スコットとあなたはずっとデッカードがレプリカントかどうか、意見を異にしてきました。

F ああ、でも今はリドリーに同意できるよ、違いはないからね。観客はすでに心を決めてるから。謎のままは美点ってことで意見が一致した。だが俺にとっては、ひどく両極端な役を演じるいい機会だった。そのギャップをストーリー作りにどう生かすか。そしてデッカードの話を減らして、1作目でやったこととまったく違うことができるようにした。同じ役で、違った体験をスクリーンで味わえるように。感情的なつながり、感情的な組み立てが俺には興味深かったが、うまく感じてもらえるかな。

——『逃亡者』を久々に観ましたが、ふたつのことに感銘を受けました。あなたは役を抑えて演じていた。妻殺しの罪を着せられたひどく感情の昂ぶる役です。そして追われる。もうひとつはシカゴ警察についての、非常に強力な政治的コメントがある。警察権力をはっきり告発した。

F 一般化しよう。シカゴ警察を告発したんじゃない。確かにシカゴが舞台だが告発は……実際、警察は腐敗していないよ。ただ洗練されてないんだ。

——傲慢でもある。

F まあ、下を見たらきりがないさ。人生の最上部分に目がいっていない。だが映画の中の腐敗は——『ブレードランナー』について語る場でくどくど話したくはないが——大手製薬会社のことだ。あれは不正だ。

——SFは人々を政治的に啓蒙するものと思いますか?

F SFが素晴らしいのは日常世界から、すべてが隠喩である世界へ連れ出してくれることだ。ものごとについて考える機会を持ち、その後、実人生にあてはめて、少しだけ考えが多面的になる。

——肉体を酷使する役柄ですが、あなたが75歳だなんて信じがたい。少しはお年を考えました?

（ニヤつく）

——つまり、大いに励まされます。

F それはうれしいね（笑）。75歳だって追い詰められればやり返す（笑）。俺はやり返すよ、信じてくれ（笑）。基準があるんだ。ライアンはもっと激しく動いてた。俺がやると、実際より激しく見えるのさ（笑）!

——何年も昔に作られた古典3作がすべてリブートしたという事実をどうとらえていますか?

F 科学用語ではラッキーと言うんだ（笑）。たくさんついていた。才能ある人間と仕事をして、彼らが作る映画に俺が出た。

——キャリアの頂点に立つプレッシャーと、どう折り合いをつけていますか。選択し、毎回打席に立つ。つまり、これはあなたにとって、最も待ち望まれた映画ですか?

F 俺は他人の金で賭けをしてるんだ（笑）。他人のチップでギャンブルしてるのさ。

——では個人的にプレッシャーを感じない?

F 感じない。気にはかけるがプレッシャーとして受けとめない。それには年を取り過ぎたよ。40年前ならプレッシャーになったかもしれないが今は違う。

シルヴィア・フークス
Sylvia Hoeks

文＝平沢 薫

「映画を観れば、名前の由来が分かるはず。それと同時に新たな疑問が湧いてくると思う」

名作SF映画の続編『ブレードランナー２０４９』の主要登場人物の1人を演じるのが、オランダ出身の34歳、シルヴィア・フークス。14歳からモデルとして活躍し、05年からオランダをはじめヨーロッパのＴＶや映画で活躍。日本でも13年公開のジュゼッペ・トルナトーレ監督、ジェフリー・ラッシュ主演のサスペンス映画『鑑定士と顔のない依頼人』の、主人公を魅了する謎の女性依頼人クレア役でスクリーンに登場している。

本作で彼女が演じるのは、ジャレッド・レト演じるレプリカント製造主ニアンダー・ウォレスの忠実な部下、ラヴの役。予告編にも登場している強く美しい女性だ。彼女はこの人物をこう分析する。

「ラヴは、若くてパワフルな成功者で、とにかく1番になりたいと考え、最高の地位を維持することを望んでいる現代的女性。そんな女性像が面白いと思ったわ。今は、ソーシャル・メディアを使うことで、世界中が自分の力を発揮できる場所になっている。ラヴはそこで力を見せようとする。そんな彼女の姿は現代の女性に通じると考えたわ」

しかしこのキャラクターには、それだけではない多面性がある。

「ラヴのそんな様子を見ていると、彼女は世界のナンバーワンになったり世界を牛耳ったりしているのではなく、実はその世界にコントロールされている人物のようにも思えてくる。彼女のそんな矛盾した部分に、すごく興味をひかれたの」

しかも、そうしたキャラクターなのに役名はラヴ。スペルはＬＵＶだが、ＬＯＶＥ＝愛を連想させる名前だ。

「ネタバレになるから詳しくは言えないけど、確かにラヴというのは、いろいろ考えさせられる名前だと思う。でも映画を観れば、名前の由来が分かるはず。それと同時に新たな疑問が湧いてくると思う。そういう多層的な意味を持った名前よ」

そして、ただの部下でもない。

「彼女はジャレッド（・レト）演じる科学者の右腕でアシスタントだけど、彼の忠実な下僕という感じ。彼のためならなんでもやるし、彼に尽くそうとする。彼のために完璧な存在になろうとするの。その一方で、本当は自分は何者なのかというアイデンティティを探していて、内面では葛藤している。かなり複雑な性格で、演じるのがとても興味深い。いろんな意味で、すごく強くて前向きな女性よ」

前作『ブレードランナー』では、彼女と同郷のオランダ出身のルトガー・ハウアーが、映画史に残る魅力的な悪役、レプリカントのロイ・バッティを演じた。彼女もこの同郷の俳優の偉業を意識している。

「子供の頃、オランダを代表する名優ルトガー・ハウアーが出ているという理由で、あの映画を観に連れて行かれたわ。その時に見たロイ・バッティは、とてもマジカルな存在だった。彼は素晴らしい演技をしていて、同国人として誇りに思ったわ。私はオランダ代表ではないけれど、同国の俳優が活躍した映画の続編で自分が強い女性を演じるなんて、不思議な縁だと思う。すごく興奮するし、とても誇りに思うわ」

演じるキャラクターにも〝魅力的な悪役〟という共通点があるのではないだろうか。

「（笑）それについても言えないの、ネタバレになってしまうから。私が言えるのは、ラヴはとても強くて魅力的で、多層的で複雑なキャラクターだということだけ。女優にはこういうキャラクターを演じる機会はあまりないから、この役を演じられたのは、とても嬉しかった」

この映画では、ハリソン・フォードと共演するシーンもあった。

「ハリソンは、スペシャルでワンダフルな人。初めて彼と会う日は、とてもナーヴァスになっていたわ。だって相手はインディアナ・ジョーンズでハン・ソロで、私はそういう映画を観て育ったから。でも、実際のハリソンは、ジョークばかり言ってるの。ジョーク、ジョーク、またジョーク。若い頃の話をしてくれたり。それがとてもおかしいの。だから現場は笑いが絶えなかった。

ハリソンと2人でスピナーに乗るシーンがあったの。とても狭いので、カメラマンも入れず、密室の中で彼と2人きりだった。でも彼が延々と

profile
1983年6月1日生まれ、オランダ出身。モデルとしてキャリアをスタートし、高校を卒業し、マーストリヒト・シアター・アカデミーで演技を学ぶ。07年にオランダで"Duska"でオランダ映画祭最優秀助演女優賞を受賞する。その他の出演作は『ティラミス』(08)、『鑑定士と顔のない依頼人』(13)など。

ジョークを言うので、私は笑いをこらえて、シーンに集中するのに必死だった。シリアスなシーンだったから。彼はとても周囲を楽しませてくれる。和やかな雰囲気で緊張を解いてくれる、素晴らしい共演者だった」

ハリソン・フォードはどんなジョークを言うのだろう。

「私は彼のようにうまくを言えないから、彼のジョークを繰り返すのは自粛しておくわ（笑）。でもそうね。例えば、何十回もテイクを撮り直してみんなが疲れた時に、彼はその場を和ませるために、わざと乱暴な言葉遣いになって、撮り直しのたびに毎回、『このシーンはクズ（ピース・オブ・シット）だな！』なんて言うのよ。それを聞くとみんなが爆笑して、しょうがないな、もう1回やるか、という気持ちになる。彼は常に現場の雰囲気をすごく見ていて、周囲の人々のことを気遣ってるの。すごいと思う」

主人公K役のライアン・ゴズリングも周囲を気遣う俳優だった。

「彼は現実主義な人で、自分が俳優という役割だけではなく、みんなを元気づける役割も背負っていることを知っていた。彼はプロとして演技の才能を発揮するだけではなく、映画作りに対して愛情を抱いている。その愛情が他の人にも伝わっていく。映画に自分を捧げる寛大な俳優だと思うわ」

それとは別のユニークな体験だったのが、ラヴが仕えるレプリカント製造者ウォレスを演じたジャレッド・レトとの共演だ。

「撮影が終わるまで、ジャレッドには会えなかったの（笑）。ジャレッドは完璧なメソッド・アクターなので、撮影現場で彼に会った時は、もう彼はジャレッドではなく、ウォレスになっていたのよ。それからずっと撮影中はお互いに役と役のまま接していて、撮影最終日になって、彼が衣裳を脱いで、役柄を脱ぎ捨てて素顔に戻った時に、やっと『はじめまして』という感じでジャレッド・レトと会ったの。普通の話をして、ジャレッドってこういう人なんだと思ったのよ。あれは今までにはない、不思議な体験だった」

こうした名優たちとの共演を経て作られた『ブレードランナー2049』。彼女は、この映画を〝詩〟のようだと考えている。

「映画に出てくる言葉が、とても詩的。脚本全体が、まるで1つの長い詩のようだと思ったわ。それは予告編ジャレッドが話すシーンを観るだけでも分かると思う。台詞も詩的だし、俳優たちの演じ方も詩的。そういう詩的な雰囲気が、この映画の大きな特徴になっていると思う。人々の会話はまるでパズルのようで、美しい詩のようでもある。登場人物たちの発する言葉のひとつひとつが、どのような意味で言われているのか、観客に疑問を投げかける。観客の好奇心を掻き立てる。そういう映画になっていると思う」

監督

ドゥニ・ヴィルヌーヴ

Denis Villeneuve

文＝吉川優子

「本作で達成したかったのは、1作目の精神と詩的なところに敬意を表すことだった」

『プリズナーズ』や『ボーダーライン』で頭角を現し、今年のアカデミー賞で作品賞、監督賞を含む8部門にノミネートされた『メッセージ』で、ハリウッドで最も注目される監督になったカナダ人のドゥニ・ヴィルヌーヴ。最新作はSF映画史上の金字塔『ブレードランナー』の続編『ブレードランナー2049』。主役はライアン・ゴズリングだが、オリジナル版のハリソン・フォードも出演しているのが、ファンとしては嬉しい。フランス語訛りの英語で話すヴィルヌーヴは、人柄がとても温厚そうだ。

──『ブレードランナー』が公開された時、まだとても若かったと思いますが、観てどう思いましたか?

ドゥニ・ヴィルヌーヴ（以下V） 一目惚れしてしまったんだ。とても深く恋してしまった。当時は、SF映画でたくさん興味深いことが起きていた時代だったけど、その多くは子供向けの作品だったり、B級映画として作られたものだった。『2001年宇宙の旅』のように、大人のために作られた強いヴィジョンを持った映画はあまりなかったんだ。長い間、偉大なSF映画というのは片手で数えられるくらいしかなかった。あれほど斬新で魅力的な世界を作り出すスキルを持った人が、フィルムノワールの美学とサイエンス・フィクションを組み合わせたジャンルをやったわけだけど、それはとても新しいものだった。僕はカナダの小さな町の出身で、そこには数紙の新聞しかなかった。だから1作目が公開された時、評判が良くなかったことを知らなかった。数ヵ月後、それを知った時、大きなショックだったよ。僕にとっては傑作だったからだ。本当に畏敬の念を抱いたし、強い感銘を受けたんだよ。

──オリジナルのどこにそれほど惹かれたのですか?

V 初めて誰かが実際にこうなるかも、という未来を描くことができたと感じられたんだ。SF映画はファンタジーの未来を描いていることが多い。でも『ブレードランナー』は80年代の僕たち自身の社会を、社会学的、文化人類的に掘り下げたもので、未来において、僕たちはこういうふうに生きることになるかもしれないと感じさせられるものだった。空飛ぶ車とか、バイオエンジニアリング（生体工学）がもっと進化していること以外に、多くの要素がとても独創的で、強いヴィジョンがあった。とても成熟したアーティスティックな描き方だった。それに映画はSFとしてやるべきことをやっていた。つまり人間のありようを掘り下げ、ドラマでは描くのが難しいけど、SFではとてもダイナミックに描ける疑問を掘り下げていたんだ。僕たちのアイデンティティや記憶との関係、記憶のパワー、またソウル（魂）との関係についてね。それはティーンエージャーだった僕にとって、とても共感できることだった。当時、道徳性が曖昧な映画を観るのは素晴らしかった。登場人物が、良い人か悪い人か分からないんだ。また、とても強くて興味深い女性キャラクターが出てくる初めての映画でもあった。長年、僕の心に残った映画だったんだ。1作目について、僕は何時間でも話していられるよ。

——傑作の続編を監督するには、大きなプレッシャーがあったと思いますが、話が来た時、すぐに「イエス」と言ったんですか？

V　長いプロセスだった。本当のことを言うと、最初に依頼された時、すごく興奮し、彼らが僕を信頼してくれていることにとても感動した。そして、脚本を読んでストーリーに恋してしまったんだ。とてもパワフルだと思った。でもそこから（決定するまでに）長い時間がかかったよ。なぜなら「これは正気とは思えない仕事だ。あまりに危険すぎる」と思ったからだよ。昔はよく失敗しそうな仕事でも、やってみようとしたものだ。でもこの作品は別のレヴェルの話だよ（大笑）。僕がイエスと言った後、どうやってプレッシャーに対応したかということだけどね。一旦、成功する確率は非常に低いということを受け入れ、これは1作目に対する愛を、純粋に芸術的に見せるものだと思ったら、安らぎの空間を手に入れることができた。そして完全に自由になれたんだ。それは純粋に映画製作を楽しむことにしたからだよ。たくさん素晴らしいオモチャがあったし、魅力的なキャラクターがいて、進化した素敵なユニヴァースがあった。最初の頃、ライアン・ゴズリングとよく話していたんだ（笑）。「そうだね。もしやるならとことんやろう。僕たちが持つもの全てを出し切ってやろう。でも結果がどうなるかは期待しないでおこう」ってね。

——キャスティングについてですが、あなたがライアンを選んだんですか？　それともすでに決まっていたんですか？

V　この映画の権利は長い間凍結されていた。製作会社のアルコン・エンターテインメントのプロデューサーたちは、その権利を獲得すると、すぐにリドリー・スコットに電話をして話し合った。「続編をやりたいんだけどどう思う？」って聞くと、彼はすぐに「イエス」と言ったんだ。アイディアにすごく興奮していた。その後、ハンプトン・ファンチャーが原案を作り始めた。かなりいいと思えるものができたところで、最初に彼らはハリソン・フォードに電話をした。彼がストーリーのDNAの一部だから、彼がいなければ、映画はできないからね。だからハリソンは僕の前にすでに決まっていた。僕は彼に正式に認められないといけなかったんだ。当初は僕の起用に反対だったよ（笑）。彼に会って、プロジェクトについて長い間話した。「映画は観たの？　なぜやることに興味があるの？」とかね。明らかに話し合いはとてもうまくいったよ。

ライアンのキャラクターは、僕のアイディアじゃなかった。僕が参加する前に、ハンプトンが最初に言ったんだ。「僕はこの映画の脚本を書いているけど、あのキャラクターにライアンを考えている」とね。脚本をもらった時、「何でも好きなことをやっていい。誰でも好きな人をキャストすればいい。でも僕たちはライアン・ゴズリングはこのキャラクターを演じるのにいい役者だと思っている」と言われた。僕が脚本を読んだ時、それは明らかだった。彼が考えられる唯一の役者だった。映画を観たら分かるよ。実際、彼のために書かれたんだからね。それにハリソン・フォードのために書かれたんだ。ライアンを説得するのは非常に簡単だった。説得する必要はなかったんだ。ニューヨークで彼ととても楽しい打ち合わせをして、何時間も1作目に対する愛や、この映画でどういうものを観たいかについて話し合った。彼はすぐに「イエス」と言ってくれた。彼は「これは奇妙なことになるよ。人々は2人のカナダ人が『ブレードランナー』をハイジャックしたことに気づいていない」と言ったんだ（大笑）。

——ライアン・ゴズリングと実際仕事をしてみて、いかがでしたか？

V　ライアンに関しては、2つのことがある。彼のおかげで、僕はこの映画を作れたんだ。彼はとても強い精神の持ち主で、自分自身の問題やくだらないことを現場に持ち込まない。自己管理がしっかりしていて、とてもプロフェッショナルだ。いつもオープンで、喜んで何でもやってくれて、準備をしっかりしてきた。最初からこの映画を作るのが、どれほど困難なことかを理解していた。彼はたくさん情熱を持ち込んでくれて、それはみんなに伝染した。彼は常に特異性や新鮮さを各シーンに持ち込む方法を見つけることに一生懸命だった。彼のキャラクターや他のシーンに、たくさんの役立つアイディアを持ち込んでくれた。素晴らしかったよ。僕たちは同じ目標を持って一緒にボートを漕いでいた。本物のクリエイティヴ・パートナーだった。ライアンと一緒にこの映画を作ったんだ。とても感動的だったよ。

——リドリー・スコットに初めて会ったのはいつですか？　彼とはどういうことを話しましたか？

V　今作を引き受けた直後に、彼のロサンゼルスのオフィスで会って、とてもいいディスカッションをした。彼は『ブレードランナー』の起源やインスピレーションの源だったものについて、また映画を作っている時の彼の目標について説明してくれた。基本的に今作よりも1作目について話してくれたんだ。これらのプロジェクトのDNAについてね。キャスティングとかでアドヴァイスが必要なら、いつでも助けてくれると言ってくれた。でもこれは僕の映画にな

るんだから、放っておいてくれると言ったんだ。とても寛大でありがたかった。最後に握手をした時、彼は僕の目を見て、「もし宿題をちゃんとやれば、素晴らしいものになるだろう。そうでなければ、失敗作になるだろう。グッドラック」と言ったんだ（大笑）。その時のことはとてもよく覚えているよ（笑）。

——ハリソンについて何か言っていましたか？

V　彼はハリソンのことが大好きだ。彼らは（1作目の）現場では難しい時があったんだ。でも彼はハリソンのことをとても愛しているし、役者として、人間として、とても尊敬している。彼は「君はハリソンととても楽しめるよ。彼には素晴らしいユーモアのセンスがある。とても賢明で、とても知性のある人だ。彼は君が作りたいキャラクターを作るのを助けてくれる。君には彼が必要だ。一緒に協力して仕事すればいい」とアドヴァイスしてくれたよ。

——今作であなたが達成したかったのは、どういうことでしたか？

V　1作目の精神と詩的なところに敬意を表すことだった。1作目には哀愁やノスタルジアがあって、とても美しいと思った。そのエモーションを維持したかった。僕が精神と言う時、フィルムノワールの美学や、映画のあるリズムのことを言っているんだ。僕は正しい決断を下そうとした。なぜならこの映画のストーリーはかなり違うからだよ。実存主義的な刑事の物語なんだ。でももっと幅広く人々に受け入れられる要素がある。僕は常に、1作目に出てきたロイ・バッティやデッカードという全てのキャラクターたちの精神と触れ合えるアイディアを見つけようとした。それに成功していたらいいなと思うよ。

——1作目を観た時、ロイの雨の中のスピーチとか、レプリカントに感情移入しました。彼らにどういう感情を持つことになるでしょうか？

V　1作目の素晴らしさの1つは、彼らが子供の頃の経験に葛藤している大人みたいなところだ。レプリカントは、望まれていない、捨てられた存在だと感じている。とても感動的なんだ。彼らは強いアイデンティティの問題や実存主義的問題を抱えている。それは基本的に僕たち自身を反映しているんだ。だからこの映画でも同じように彼らに感情移入することになるよ。

——今作には、どれくらい特撮を使っているんですか？

V　こういう映画を作る時には、VFXはたくさん必要だ。でも目標はできるだけカメラで実際に撮ることだった。つまりヴァーチャル・セットはないんだ。アパートや通りとか、ほとんど全てのものを実際に建てた。映像合成用にグリーンスクリーンで撮るためのセットは、すごく少ないんだ。雰囲気や映画の見え方をコントロールしたかったからね。撮影した後で、CGでレイヤーを少し足し

profile
1967年10月3日生まれ、カナダ・ケベック出身。ケベック大学卒業後、98年に"August 32nd on Earth"で監督デビュー。続く『渦』(00)でベルリン国際映画祭の国際批評家協会賞を受賞。その他の監督作は『静かなる叫び』(09)、『灼熱の魂』(10)、『プリズナーズ』『複製された男』(13)、『ボーダーライン』(15)など。『メッセージ』(16)で第89回アカデミー賞作品賞、監督賞にノミネートされる。

た。そういうことをやる予算を使えたのは、夢のようだった。実物のセットは俳優たちとこの世界とのつながりをより強くできたしね。僕はグリーンスクリーンの環境で仕事をすると、エネルギーを吸い取られてしまうんだ。そういうことができる監督を尊敬しているし、『ジャングルブック』は素晴らしいと思うけど、僕にはできない。(彼の去年の作品『メッセージ』で)エイミー・アダムスをグリーンスクリーンで1日撮影したけど、その日の終わりには、僕はすごく落ち込んでしまった。そういう意味では、僕は昔ながらの方法で映画を作るんだ。

――1作目以外に、今作を作るために参考に観た映画はありますか?

V　フィルムノワールのリサーチが必要だとは思わなかった。何か参考になる作品を観て生まれたりする映画もある。でも僕は今、とても傲慢だけど、監督としてそういう参考作品を遮断して、代わりに人生の中にインスピレーションを見つけようとしているんだ。撮影監督のロジャー(・ディーキンス)と、写真集とかも見たりしたけど、カメラで自分たち自身の〝アルファベット〟を開発しようとした。映画の歴史にとらわれないようにしたんだ。なぜなら全てのことはもうすでにやられているからだ。自分で幻想を再現しようとする。そういう方が僕にとって簡単なんだ。僕が何かを参考にして作った映画はほんの少ししかない。『ボーダーライン』は、黒澤 明監督の『七人の侍』を参考にした。アクションのペースとか、具体的にね。『私の映画は、これまでに観たこれら5本、10本の映画を基にしている』と言える監督はすごいと思う。でも、僕はいつもその反対のことをやろうとしている。アーティスティックになり、外の世界のことに気づいていない子供のように、自分自身の幻想に取り組むんだ。さもなければ、僕は麻痺してしまう(笑)。

――こういう哲学的なSF映画というのは、今、人々に受け入れられると思いますか?

V　今、世界には多くの恐れがあると思う。不安な時なんだ。そういう意味で、この映画は歓迎されると思う。チャレンジは先ほども言ったように、美学的に1作目の精神を、そこにあるペースや哀愁を維持することだった。それにこの映画はとてもお金がかかっているから、時々、大規模なアクションが入っているんだ。

――今後、どんな作品を手がけていきたいですか?

「編集担当のジョン・ウォーカーと編集室で、「3人の大人がビールを飲んでいるような、小さな作品をやりたくないかい」と話していたら、「いいね。それは新たな気持ちになれるだろうね」と言っていた。その次に僕が編集室に行った時、「次回作は『デューン/砂の惑星』をやることになると思う」と僕は伝えた(笑)。だからそういうものをやりたいという気持ちはあるけど、今はできない。僕は今の状況を当然のことだとは思っていない。僕がいつまでハリウッドで歓迎されるか分からない。いつも誰かがやってきてゴーサインのボタンを取り上げるんじゃないかと思う。だからチャンスがあればやりたい。今回は疲労困憊したけど、こんな芸術的な楽しみを持てたことはなかったよ。これだけの予算を使えて、環境をコントロールできるなんて最高だ。1つか2つやりたいプロジェクトがあるんだ。だから、しばらくは今の状況のままでいるよ」

Press conference in LA

LA記者会見レポート

『ブレードランナー2049』のプロデューサー、監督、脚本家、出演者がロサンゼルスに集結!

文=はせがわいずみ

左からマイケル・グリーン、アナ・デ・アルマス、ロビン・ライト、ライアン・ゴズリング、ドゥニ・ヴィルヌーヴ監督、ハリソン・フォード、シルヴィア・フークス、マッケンジー・デイヴィス、デイヴ・バウティスタ

photo by Izumi Hasegawa / www.HollywoodNewsWire.net

『ブレードランナー2049』の記者会見には、主演のライアン・ゴズリングをはじめ、ハリソン・フォード、アナ・デ・アルマス、シルヴィア・フークス、ロビン・ライト、デイヴ・バウティスタ、マッケンジー・デイヴィスに加え、ドゥニ・ヴィルヌーヴ監督、脚本を担当したハンプトン・ファンチャー、マイケル・グリーン、プロデューサーのアンドリュー・コソヴ、ブロデリック・ジョンソン、シンシア・サイクス・ヨーキンが勢揃いした。質疑応答が始まる前に、それぞれの声を確認するために、それぞれに名前を言ってもらったが、ハリソン・フォードは、裏声を使って甲高い声色で「ハリソン・フォード」と言って会場を沸かせた。どうやらご機嫌なようだと全員が安堵したのは言うまでもない。

――脚本を担当したハンプトンに聞きます。この35年の間、デッカードのその後についてずっと考えていましたか? それとも、もう長い間、頭の中から追いやっていましたか?

ハンプトン・ファンチャー 長い間考えていたってことはなかったよ。80年代には時々、リドリー(・スコット)と電話で話したけどね。「何かアイディアはあるかな?」「どう思う?」ってね。そういう話を何度かして、打ち合わせのために飛行機に乗って、彼に会いに行ったりもしたけど、権利がとても複雑で簡単ではなかったから、どのアイディアも実現はしなかった。短編を書いたのは6年くらい前になる。

――マイケル、ものすごく有名なキャラクターたちを使って、ハンプトンの書いた短編を脚本化するというのはどういうものでしたか?

マイケル・グリーン とても恐かったよ。なぜなら『ブレードランナー』の仕事をするということ自体、火遊びのようなものだからね。でも、誰でもどこか火遊びをしたくなるような面を持っているだろ。ハンプトンが書いたものに取りかかれるというのは、とても興奮したし、チャンスでもあった。ハンプトンは、とても美しい煙を描き、私はリドリーやドゥニ(・ヴィルヌーヴ監督)と一緒にそれがうまくいくようにした。とても名誉なことであり、自分が恵まれていると思った。誰のために脚本を書いているのかは明確で、素晴らしい2人のアーティストを喜ばせたいと思って書くのだからね。間違ったことをしたら、「ここは違う」と指摘されるけど、うまくいったらぐっすり眠れるんだ。

――ライアン、本作はこれまでのキャリアでも異色と言えるものだと思います。Kという役は、あなたにとってどんな存在になりましたか?

ライアン・ゴズリング 今回はとてもユニークなチャンスだったよ。前作は僕にとって、とても特別な作品だからね。『ブレードランナー』を初めて観たのは、公開されてから10年くらい経った後で、僕は12歳だっ

た。単にSF映画だと思って観たら、予想しなかった経験をさせられた。興味深かったのは、観たという経験だけでなく、自分の中に残るものであったということだよ。人間でいるというのはどういう意味を持っているのかというのを12歳の僕は自問自答しなかったけど、無意識のうちに種を植え付けられていて、あとでそれが自分の育った文化の中でどれほどの影響を与えるようになったかに気づいたんだ。本作の脚本を読んで、ある意味、オリジナルへのラヴレターだって分かったけど、本作自身、独自のものを持っている作品でもあった。オリジナルの持つテーマや語り口を踏襲しつつ、壮大かつ、個人に訴えかける、親しみが湧く、独自のコンセプトを持っていた。それはまさに『ブレードランナー』が経験させてくれるユニークな面であり、そんなユニークな作品に携われるというのは、素晴らしいチャンスだったよ。

――ハリソンが初めてセットに現れた日は、どんな感じでしたか？

ライアン・ゴズリング　ハリソンは、映画のように登場したよ。到着したって聞いた後、撮影セットに来るって耳にした。セットはちょっと暗くて、シルエットしか見えない明るさだったけど、突然、とても際立ったシルエットが現れた。照明の下に足を踏み入れると彼は僕を見た。（壇上に並ぶハリソンを指差しながら）あんな感じでね（笑）。僕はまるで、彼の家の窓ガラスを割った8歳の子供のような気分だったよ。でも、その直後には最高の共演者だってことが分かった。彼との仕事は、何か素晴らしいものを作っているというのを感じさせてくれるんだ。

――ロビン、出演シーンで一番楽しかったことは何ですか？

ロビン・ライト　タフガイの上司でいられたことよ。ドゥニの素晴らしいところは、ダークな部分にハートを感じさせてくれるところ。任務を遂行するよう指示するリーダーや警部補のような、権威的存在の中に凶暴性が潜んでいると、巧みに警告しているの。それは任務やミッションに忠実で居続けてもらうために必要なの。でも同時に、この特別な男の子に愛情を持ち、守ろうとする気持ちがあるのも感じさせる。なぜならKはとても特別だから。私たちは彼を壊したくない。もし傷つけるなら私があなたを殺すわよっていうね。そんな役を演じるのが、とても楽しかったわ。

――マッケンジー、あなたの登場シーンは、映画に魅惑的な感覚をもたらします。何に一番ワクワクしましたか？

マッケンジー・デイヴィス　私はこの映画の世界観にあるカースト制度がとても好きなの。出世や下克上はありえなくて、自分の所属する階級に閉じ込められているのをすごく感じる。それがすごく好き。マリエットは生意気で、世界の終わりを生き延びた濡れ鼠のようなキャラだから、演じるのがとても楽しかったわ。

――シルヴィア、ラヴにはいろいろな顔があるように思われます。多面性を持つキャラクターになると思っていましたか？

シルヴィア・フークス　いいえ。脚本を読んだ時、仰天させられたの。なぜなら、カラフルなパレットで遊べるのが分かったからよ。とても感謝したわ。とにかく私は準備をするのも、考えるのも、楽しくてしょうがなかったのを覚えている。だって、いろんな可能性があるんだもの。「彼女をどういう風にしようかしら？」「心の旅の行く先はどこにしようかしら？」ってね。もうとにかく幸せだった。これまで演じた中で一番楽しいキャラクターだったわ。

――本作のプロダクションで最も苦労した点はなんでしたか？

ブロデリック・ジョンソン　興味深いことに、今回はプレッシャーだけが苦労した点だったよ。とにかく最高の映画を作ることが最重要事項だった。ドゥニとロジャー（・ディーキンス／撮影監督）をはじめ、才能溢れるアーティストをそれぞれの得意分野に配置して任せ、芸術作品を生み出した。ドゥニは、セット、小道具など細かいところにまで愛を注ぎ、それぞれのアーティストが創造力を発揮できるようにした。彼は与えられた環境を使って、それぞれのアーティストと一緒に魔法を生むことができると信じる素晴らしい才能の持ち主だったから、私とアンドリュー（・コソヴ）の目標は、彼らがそうした才能を発揮できる環境にいられるようにするというものだった。

アンドリュー・コソヴ　映像やセットの建造物などのことを言えば、僕らはこれまでも結構大がかりな大作を製作したことがあった。でも、僕はSF映画を素晴らしくしているのは人文主義（人間の尊厳を確立することをめざした精神運動）の特色を持っているからだと思っている。本作が特別なのは、まさにドゥニがそれを創り上げたからだと思っているんだ。それには、たくさんの構成要素が関係しているんだけど、その中の1つに、実際のセット、触れる小道具などのリアルな世界を創り上げたことが挙げられると思う。それこそが、グリーンスクリーンという環境ではなし得ない、何かを加えることができた。まさに、人文主義的な映画を表現するのに不可欠な要素だったと言えると思うんだ。

――シンシア、本作はあなたの亡き夫にとって、どれほど大切な作品でしたか？

シンシア・サイクス・ヨーキン　『ブレードランナー』について考えるのをもう何年も嫌がっていたパートナーと、一緒に権利を獲得しようと動き始めたのは12年以上前だった。まずは権利者を説得する必要があった。それにはちょっと時間を要した。権利について整理がついてから、やっと続編についての動きをスタートす

ることができた。私たちが重要だと考えたのは続編のストーリーに気を遣い、高潔さを失わず、また神話に橋を架けて、重要な意味のある形として、神話を続けていけるという人や会社を探すというものだった。そうして、ブロデリックとアンドリューに出会った。2人の偉業は本当に素晴らしいわ。劇場をあとにしてからもいろいろな話ができる本作は、エキサイティングな乗り物よ。私と夫の夢が、この夢のチームによって、素晴らしい方向で実現したことに、ものすごい喜びを感じているの。

——ライアン、出演するに当たり、どんなプレッシャーがありましたか?

ライアン・ゴズリング　ハリソン、リドリー、ハンプトンの3人が3人とも続編を作る時が来たと感じ、参加に合意したことでオリジナルの持つ威光を引き継ぐことができたと思っている。本作こそが、オリジナルの話の続きとして語られるストーリーで、またあの世界の、その後の姿なんだ。反論を持つ人もいるかもしれない。脚本を読む前は、「ここには語られるストーリーがあるのか?」「本作だけで独立した作品になりうるのか?」「努力をする価値があるのか?」と思ったよ。でも、脚本を読んだ後、僕の心に疑いは1つもなくなっていた。ドゥニ、ロジャー、素晴らしいキャスト陣、ブダペストでセットを作った素晴らしいスタッフたちに会った。多くの偉大な語り手が携わり、現場ではストーリーが主導権を握ったんだ。ストーリーやキャラクターが数々の素晴らしい選択を生み出した。僕はものすごく大きな自信を得ることができた。もちろん、挑戦的な仕事になるとは思っていたけど、このチャンスにとても興奮したんだ。

——ハリソン、役に入るのに、視覚的な要素はどれくらい重要な役割を担いますか?

ハリソン・フォード　視覚で得るものは、何千もの言葉と同じ価値があるというだろ。セットに足を踏み入れた時、そのシーンについての情報が目で入ることで、視覚的なものからサポートされていると感じる。何をしなくて良いかが分かるんだ。俳優は、それぞれのキャラクターを演じてストーリーを語るけど、視覚によって多くのことがすでに語られているから、演技に自信を持たせてくれるんだ。

——ハリソン、デッカード役を再び演じるのに正当なストーリーだと思いましたか?

ハリソン・フォード　私はデッカードについて観客が理解を深めることができる機会を探していた。その話を語るものに参画したいと思っていた。それは私の役目だと思い、全体的に関わりたいとも思っていた。自分の役を演じるというだけではなく、ね。今回、その可能性を見たんだ。

——ドゥニ、ロジャーとのコラボについて教えてください。

ドゥニ・ヴィルヌーヴ　この作品を監督すると決めた直後、僕は自分に言った。力を持った素晴らしいアーティストたちで固める必要があるってね。「イエス」と言った日の夜、ロジャーの家で夕飯を食べ、彼に「一緒にやりませんか?」って聞いたんだ。彼は「イエス」とすぐに答えた。なぜなら、ロジャーと僕は一緒にSF映画をやるのをずっと夢見ていたからね。最初の段階から撮影監督を決めるというのは、これまでの僕の映画作りとは違うやり方だった。モントリオールのホテルで、映画のすべての絵コンテを一緒に創り上げた。僕らは一緒に映画をデザインしたんだ。ロジャーと一緒にいろいろな決まり事を定義していった。本作の世界観を、社会学、経済学、地政学、気象学、建築学などの視点からデザインしていった。本作を初期の段階から最終試写の時までロジャーと一緒に作ることができてとても嬉しいけど、僕は彼にものすごい借りを作ったとも思っている。この映画自体は、彼にとても借りがある映画だよ。

——キャラについては、演じる俳優とどんな話し合いをしましたか?

ドゥニ・ヴィルヌーヴ　この映画が僕のほかの作品と違うのは、誰か別の人の夢から始まっていること。自分の夢から始めるのに慣れていたけど、今回はリドリー・スコットのアイディア(夢)と渡り合うことになった。一番大変だったことの1つが、リック・デッカードを再び登場させ

るってことだった。ただ初期の段階から安心していたのは、自分は創作プロセスの一端を担うだけでいいと感じていたことだった。助けがある、たった1人でやらなくてもいいと分かっていたことだった。沈黙や不確定な時期が長い間あったりはしたけど、いろいろと話し合い、決めていくことができた。「どうやってデッカードを復活させる？」「彼の精神状態はどんな風になっている？」「30年後の彼はどんな感じに見える？」ってね。そうやって俳優たちとそれぞれのキャラクターを形作っていった。俳優と創造していくのが大好きなんだ。僕の目標は、俳優たちとクリエイティヴな面でできるだけコラボしていくこと。特に今回は、ハリソンとがそうだった。これまでにないほど、それがとても重要なものだった。

ハリソン・フォード　いろいろな方向を見て、あれこれと考える時期があったよ。「今回は、どれほどストーリーを語っておく？」「そのストーリーはどんな内容にしておく？」「デッカードのその後をどういう風にする？」「どういう状態の彼にする？」などね。ドゥニの想像力とコラボするのは本当に楽しかったよ。その過程で彼に敬意を持った。そうして、私たちは映画にとても貢献する結果を出せたと思っている。でも同時に、全然そうじゃないんじゃないかとも感じるんだ。それが私が言いたいことのすべてだよ。ありがとう。

――撮影セットに足を踏み入れた時の最初のリアクションを教えてください。

アナ・デ・アルマス　毎日が初日って感じだったから、慣れるのに大変だったわ。とにかくすごかったの。私たちは素晴らしい遊び場を与えられ、そこでいろいろと試すことができた。未来にしか存在しないこのキャラクターたちを創り上げる多大な自由をもたらしてくれた。ドゥニとの打ち合わせは、初期の段階からとても興味深かったわ。なぜなら私たちはそれぞれ自分のアイディアを持ち寄り、キャラクターに息を吹き込んでいったからよ。とにかく素敵だった。

シルヴィア・フークス　撮影セットについてだけど、とにかくすべてが圧倒的だった。新しいセットでの撮影の日は、セットに入る前に「今度はどんな風になっているのかしら？」って話をしたものよ。だって新しいセットに毎回圧倒されたんだもの。いつも絶対に想像できないようなものがそこにはあったから、自分の想像力がどんなに陳腐なセンスしか持ち合わせていないかを痛感したわ。とにかく、この『ブレードランナー』の世界を理解するのが私にはとても大事だった。ロジャーとドゥニたちが創り上げた世界に俳優として〝何か〟を加えるのが、私たち全員にとって重要なことだった。

――シルヴィア、ラヴを演じるのに一番楽しかったことはなんですか？自分の人生で共感を得る点はありましたか？

シルヴィア・フークス　ドゥニはいつも「君の演じるラヴは、酸っぱいオードリー・ヘップバーンって感じだよ」って言っていた。まさにそれなの。彼女を演じるのはとても楽しかった。トレーニングはたくさんしたけどね。出演が決まった翌日から、（トライアスロンの）世界チャンピオン、レスリー・パターソンについてトレーニングを始めた。小さい（身長152センチ）けど筋骨たくましいダイナマイトな女性は、私を毎日6時間、週6日鍛えてくれた。日曜は私はカウチで、温湿布と冷湿布をそこら中に貼ってぐったりしていた。動くことができなかったんだもの。でも、その見返りはあったわ。しっかり筋肉がつき、痛みと鍛錬を通して演じるキャラクターに出会うことができた。ラヴを演じることで、新しい世界が広がった。いろいろなことができるって分かった。皮肉やユーモアもある彼女は、ファッショニスタでもある。彼女はニアンダーに認めてもらいたかったの。娘が父親に求めるようにね。すべてをコントロールし、完璧にしたいと思うキャラクターなの。それってみんなが共感を覚えることじゃない？

――オリジナルの『ブレードランナー』のエンディングについてどう思いますか？　ハリソン、この30年間、どれくらい頻繁にデッカードについて考えましたか？

ハリソン・フォード　オリジナルの『ブレードランナー』は、いろいろなエンディングがあるよね。ほかのと比べ、リドリーのファイナルカットのエンディングが私は好きだ。『ブレードランナー』について、これまでも頻繁に考えたことがあった。どれほど多くの映画作家があの作品からインスピレーションを得たのかってね。映像でストーリーを語る手法についてどれほど影響を与えたのかってね。我々の文化や未来予想図にどれほど強い影響を与えたかもね。私の人生にも莫大な影響を与えたのは確かだよ。

Behind the scene

撮影の舞台裏を紹介する

『ブレードランナー2049』の素晴らしい世界を構築するために集まったプロフェッショナルたち。
ドゥニ・ヴィルヌーヴ監督の指揮の下、それぞれの分野で最高の仕事を見せた。その舞台裏を公開しよう。

文＝はせがわいずみ

ラスヴェガスでのシーンでハリソン・フォードとライアン・ゴズリングに演出するヴィルヌーヴ監督

⚠CAUTION⚠
ネタバレ注意!
映画鑑賞後にお読みください。

ドゥニ・ヴィルヌーヴ監督は撮影が始まる前の数週間、長年の仕事仲間で『ブレードランナー２０４９』の撮影監督のロジャー・ディーキンスと共に、絵コンテ作りやどんなヴィジュアルにするかを決めるのに費やした。

「ロジャーは初期の段階から、この映画の映像的な表現に不可欠な役割を担ったんだ」とヴィルヌーヴ監督は語る。

プロデューサーのアンドリュー・コソヴは語る。「ロジャーは最も偉大な撮影監督の1人なのに、1年も休んで、この映画の準備をしてくれた。彼曰く、これまでの彼のキャリアの中で、最も複雑な照明デザインをした作品になったそうだよ」

ディーキンスは「あまりにも興奮するプロジェクトだったから、パスすることはできなかった。ドゥニと私はオリジナル作品を参考にした。なぜなら、世紀末後の未来の様子を最もスタイリッシュに表現した、最初の映画だったからね」と語る。

ヴィルヌーヴ監督は「最も難しい挑戦は、2つの映画をヴィジュアル的に結びつけることだった。未来に足を踏み入れるのに、過去からインスピレーションをもらうという感覚だったよ」と付け加える。

『ブレードランナー』で最も強い印象を与えるヴィジュアルは、暗く、濡れた、落ち込みそうな雰囲気だ。それは30年後の世界でも変わっていないというのが、本作のコンセプトだったのだ。

「僕はモントリオール出身で、映画で描かれる雰囲気はカナダの天気の悪い日って感じだった。ちょっと寒くて、映画のようにずっと雨が降り続く代わりに雪とぬかるみがあるんだ」とヴィルヌーヴ監督は説明する。

製作総指揮のリドリー・スコットは「スタイルが重要だった。ドゥニはオリジナルの映画でやったことに敬意を示して、上手にやってくれたよ。映画では大金持ち以外は長く生きられない、暗黒の世界を目にする」と語る。

住人の多くは超大金持ちではないから、灰色の空がずっと続く高層ビルが立ち並ぶ街の中でかろうじて生きている。

プロダクション・デザイナーのデニス・ガスナーはこう振り返る。「最初にドゥニに『今回のデザインをひと言で表すなら、基準となる言葉は何になる?』って聞いたんだ。そうしたら『Brutal（粗野な）。建物が冷たくて、粗野な感じがするようにしてほしい』って彼は答えた。私たちはリサーチを重ね、〝パターン言語〟と私が呼ぶイメージを見つけたんだ」

「『ブレードランナー２０４９』に登場するものは、すべてサヴァイヴァルに関連してデザインされた。技術から建物までもね」とヴィルヌーヴ監督は説明する。「ビルは異常気候に耐えられるようにデザインされたもので、核兵器実験の観測室のよう

ウォレス社のオフィスで爪の手入れをするシーンの撮影。ラヴを演じるシルヴィア・フークス、監督、撮影監督のディーキンス

な外観なんだ」

"Brutal"は衣裳をデザインするレネー・エイプリルのキーワードにもなった。

「雨が降り、時々、雪も降るという環境なんだもの。それこそがデザインのスタート地点だった。素材はフェイクファーやポリエステルなどを使うことになったんだけど、私にとっては初めてのことだった。革やウールをはじめとした有機素材は使えなかった。なぜって、もうその世界には存在していないからよ。とにかくすべて合成素材で人工のものを使ったの。寒いからサイズも大きめにした。それに自分の衣裳に強い関心を抱くキャスト陣と仕事ができて、私はラッキーだったわ」と、エイプリルは語る。「例えばライアン・ゴズリング。彼はKの好みを知っていて、彼自身が何を着ることができるかというのも分かっていた。Kは映画の中でずっと同じコートを着ているけど、彼はあのコートを気に入っていたんだと思うわ」

「みんながあのコートを欲しがったわ」と話すプロデューサーのシンシア・サイクス・ヨーキン。「女性でさえ、ライアンのコートに夢中だった。レネーは本当に素晴らしくて、それぞれのキャラクターと、彼らが住んでいる環境の両方にピッタリの素敵な衣裳を考えたの」

　エイプリルによると、ラヴとジョイの衣裳ではまったく違うアプローチをしたそうだ。

「ラヴの服のシルエットは、滑らかで貞潔な感じ。フリルやヒダもなくハッキリした色も使わない。すべてがベージュか白かグレイなの。一方、ジョイの衣裳にはカラフルな色を何色も使った。明らかにフェミニンな感じがするの」

　ウォレス社の社長で天才科学者ニアンダー・ウォレスの衣裳について、「デニスが作り上げたウォレスのオフィスの、あのクリーンで禅っぽい印象からインスピレーションを得たの。だから、同じようにシンプルなラインの、外出をしない人にありがちな、制服ともパジャマとも取れる曖昧な服をデザインしたわ」

　リック・デッカードの衣裳は、もう何十年も身を隠して暮らしてみえるように作り、「古めかしくて、すり切れた服を彼は着ているの」だ。

『ブレードランナー』で最も印象的なイメージの1つといえば、高層ビルの側面を飾る電子ビルボードの動く広告だ。製作会社アルコン・エンターテインメントを経営するプロデューサーのブロデリック・ジョンソンが、続編での広告について説明する。

「我々は次のレヴェルにアップさせた。時代が30年後だと分かるようにね。3Dのホログラム広告がそうだ。街を歩いていて、自分にまとわりつく広告があったら、ビビるよね（笑）」。ヴィルヌーヴ監督は「2049年のロサンゼルスの大気がどんな風なのかを考えたんだ。おそらく大気自体が厚くて、そのため空中に3Dのホログラム広告を投影できるんじゃないかってね。広告は大きなビルボードだけに留まらず、住人の一部になっているんだ。これこそが現実の延長で、我々が向かう先なんだ」

『ブレードランナー2049』の主な撮影は、ハンガリーで行われた。ブダペストにあるオリゴ・スタジオでは、6つのすべてのサウンドステージを占拠し、駐車場も撮影に使用された。エチェクにあるコルダ・スタジオでは、3つのサウンドステージが使用したほか、ハンガリー各地でも撮影が行われた。

　製作総指揮でユニット・プロダクション・マネージャーのビル・カラロは「あそこの施設は一流だよ。ほかの一流のスタジオと同等レヴェルだけど、なぜハンガリー、特にブダペストにしたかと言うと、市内にはいろいろな街並みがあるからね。東欧の建物もあれば、ソヴィエト時代の廃れた建造物もあるんだ」と語る。

　デニス・ガスナーのチームは、オリゴとコルダの両スタジオに映画に登場する世界をほぼすべて、しかもヴィルヌーヴ監督が求める〝使いやすさ〟という条件を満たしたセットを組み立てた。

　ヴィルヌーヴ監督曰く「リアルな環境が必要だったんだ。なぜなら、そうした環境こそがアイディアが湧くきっかけになるからね。最初の段階からグリーンスクリーンはほとんど使わずに、すべてのセットを作る

と決めていた。みんながその考えに興奮した。もちろん、セットのいくつかは、奥行きにCGを使ったよ。でも、手前に映っているものはすべて本物だよ」

『ブレードランナー2049』は、サッパー・モートンの農園に行くKが乗った乗り物が空を飛ぶシーンで幕を開ける。その乗り物は、オリジナル映画のファンなら知っているスピナーだ。

ガスナーは語る。「準備段階で一番最初にデザインを手がけたのが、Kのスピナーだった。オリジナルへのオマージュがあると同時にドゥニの求める〝粗野〟な雰囲気を持つものにデザインしたよ」

Kのスピナーは、『ブレードランナー』のデッカードのものよりも、角張っていて、シャープなアングルになっているが、それは最新モデルというわけではない。スーパーヴァイジング・アート・ディレクターのポール・イングリスは「Kのスピナーの車内を10年か15年古く見えるように作った。歳月を重ねているのが分かるようにね。あちこち傷だらけで、汚れやへこみなどがある。それ自体がセットでもあるんだ」と語る。

Kのスピナーは2種類作られた。1台は実際に運転できるもので、自動制御でドアが垂直に開くもの。パワステと電気モーター付きで、時速80キロまでスピードが出るが、撮影セットで運転するのはお勧めできない。もう1台はワイヤーに吊されて飛んだり、クレーンに取り付けて、ゴズリングが乗っているところを撮影できるものだ。俳優の後ろにカメラを取り付けられるので、Kの視点を捉えることができ、降り続く雨を払おうとするワイパーの様子をフロントガラス越しに映すことができる。

Kのスピナーには、オリジナル映画にないものがいくつか装備されている。賢いドローンのようなものは、特殊視覚効果スーパーヴァイザーのジョン・ネルソンが〝パイロット・フィッシュ〟と呼んでいるものだ。スピナー後部のルーフ部分に収まっており、駐車すると飛び上がり、ドローンのように空中をホヴァリングする。Kのデジタル相棒といった感じで、彼が「車を見ていろ」と指令を出すと、辺りの写真を撮り、さまざまな情報を収集することができる。

ウォレス社のいろいろなオフィスや資料保管室で構成された巨大セットは、オリゴとコルダのスタジオのサウンドステージに作られた。ウォレスの個人オフィスは、クリーンで簡潔にデザインされているのとは対称的に複雑な作りになっている。中央は室内に作られた水堀に囲まれており、アクセス方法は自動操作となっている敷石だけ。撮影監督のロジャー・ディーキンスは、水面に当たった光が壁や天井に反射するようにして、素晴らしい効果を生み出した。

イングリスは「セットではどんな建築スタイルよりも、照明が重要な役割を果たした。ロジャーは、照明はナチュラルで、太陽の光に近いようなものにしたいと最初から明確に話していた。実際は、太陽は常にもやに覆われていて、屋外にいても存在しないようなものだった。どのセットにも窓は一切ない。でも、ウォレスの世界では、人工の太陽光がシャフトから流れ込み、作り物の太陽の存在を感じるんだ」と説明する。

ウォレスタワーは、壁の外に暮らす貧しい人々の生活とくっきりとしたコントラストを示すようにそびえている。

一方、Kの馴染みの場所はビビのバーであり、騒々しい露店市場だ。そこは人間とレプリカントが、食糧、飲物をはじめ、セックスなどすべてのものを買うことができる場所。コルダのサウンドステージに建てられたセットには、明るい光のディスプレイがあるタッチスクリーンの自動販売機や、さまざまな屋台が作られた。頭上を電車が走り、コスチュームを着た300人ものエキストラの間を三輪タクシーが走り抜ける。

「ビビのバーは、カラフルな集合体を初めて見せてくれる」。ガスナーは語る。「現実は永続的な冬で、ほとんどすべてのものが色彩がなくグレイな世界の中で、ビビのバーは人々がカラフルな色によって気持ちが明るくなる場所だ。ロジャーはそういう風に照明を設計したんだ」

映画の中でKは捜査のために南に向かい、サンディエゴを訪れる。そこで彼のスピナーは攻撃され、見渡す限りゴミとスクラップが広がる土地に墜落する。そのゴミ溜めの土地は本作で最大のセットで、オリゴの駐車場に作られた。そのとてつもな

く大きな実際のセットは、ミニチュアやCGを組み合わせてさらに拡大され、地平線の向こうまでも広がっているように見える。

　ガスナーは、この広大なゴミ溜めの地を古い巨大タンカーや、退役した海軍の艦を分解したような巨大造船所を基にデザインした。隙間には、さまざまな大きさや形の錆びた金属廃物が大量に散らばっており、中には大きな船の一部だったと分かるものもあるようにした。安全のため、俳優たちの近くにある金属の残骸は、それらしく見えるように塗装したゴム製のものを作り、配置したという。

　巨大な廃物の山の中でひときわ飛び出て、大量の衛星アンテナが取り付けられているのが、ミスター・コットンの廃物利用ビジネスの本部だ。そこはこの地で働き、生活しなければならない不運な者たちのぞっとする住処でもあった。内装セットは別々の場所に作られた。1つはオリゴのサウンドステージで、もう1つはブダペストから1時間くらい車で行った、ソヴィエト時代のイノタ発電所。もう1つは、ハンガリーのキスターシャにある、電子機器の倉庫だったところだ。

　リック・デッカードの軌跡は、Kをネヴァダ州ラスヴェガスに向かわせる。そこにはまばゆいネオンサインで彩られたかつての歓楽街の面影はなく、すべての色や光は、赤・オレンジのもやがかかって色あせていた。きらびやかだった街が、50年前の大爆発によって廃墟となった様子がうかがえる。ただ1つを除いては……。

　ヴィルヌーヴ監督とガスナーは、世紀末後のラスヴェガスを作る際、未来の街を描くために、有名なコンセプトアーティストのシド・ミードに監修を依頼した。彼は前作で2019年のロサンゼルスの街をデザインした人物だ。

「2049年のラスヴェガスがどんな風になっているか想像した」とヴィルヌーヴ監督。「その答えを与えてくれるのはただ1人しかいなかった。偉大なるシド・ミードに私たちの挑戦を説明すると、彼はきわめて美しいラスヴェガスの街のアイディアを提示してくれた」

　ガスナーはつけ加える。「ラスヴェガスで何が起きたのか、それが環境にどんな影響を与え、誰も行きたくない都市に変えてしまったのか。でもそれはまた、デッカードが隠れるのに十分安全なものだったんだ」

　プロダクション・デザインのチームは、ハンガリーで一番大きなTV局のビルとして使われていた、ブダペストの中心地にある廃ビルの荘厳なエントランスを赤茶けた塵で覆って、ラスヴェガスのホテルのロビーに変身させた。ペントハウスやショーを見せるホールなどのホテルやカジノのセットは、オリゴのサウンドステージに建てられた。

　最も大変だったのは、水槽での撮影だった。その水槽は、本作のアクションの肝とも言えるシーンのために特別に建造されたものだ。特殊効果のスーパーヴァイザー、ゲルド・ネッツアーと彼のチームは、深さが1メートルから5メートル、100万ガロンのサイズの水槽を建設した。

　唯一の問題は、タンク内の水の表面が穏やかすぎることだった。海辺の壁のシーンでは、波が打ち砕けると脚本にあったからだ。ネッツアーは「いろいろな波を作るマシーンを見たけれど、どれも必要な大きさの波を作ることはできなかった。そこで自分たちで開発することにしたんだ」と語る。彼のチームは商業用サイズのプロパンのタンクをいくつか入手し、ふたをして棒状のアームに取り付けた。それらの動きをシンクロさせる実験をした。プロパンのタンクを水に入れたり出したりするのだが、その繰り返しの動きを早めると波は大きくなり、波が壁に打ち砕けるようになったのだ。

　特殊効果のチームはさらに、スピナーが波に翻弄されて見えるよう、スピナーを動かす道具も作らなければならなかった。

「ドゥニにとって、波の中で、リムジン型スピナーが岩のようにじっと動かないというのはありえないことだった。波が押し寄せたら、じっと動かないことはない。そうした道具を作るのは大変だったよ」とネッツアーは打ち明けた。

　時には何時間も水槽の中で働く俳優たちを守るために、巨大なディーゼルエンジンのボイラーが常に水を快適な温度26・7度を保つよう温めていた。冷たい夜気に触れてプールから霧が立ち上り、雰囲気をより盛り上げた。

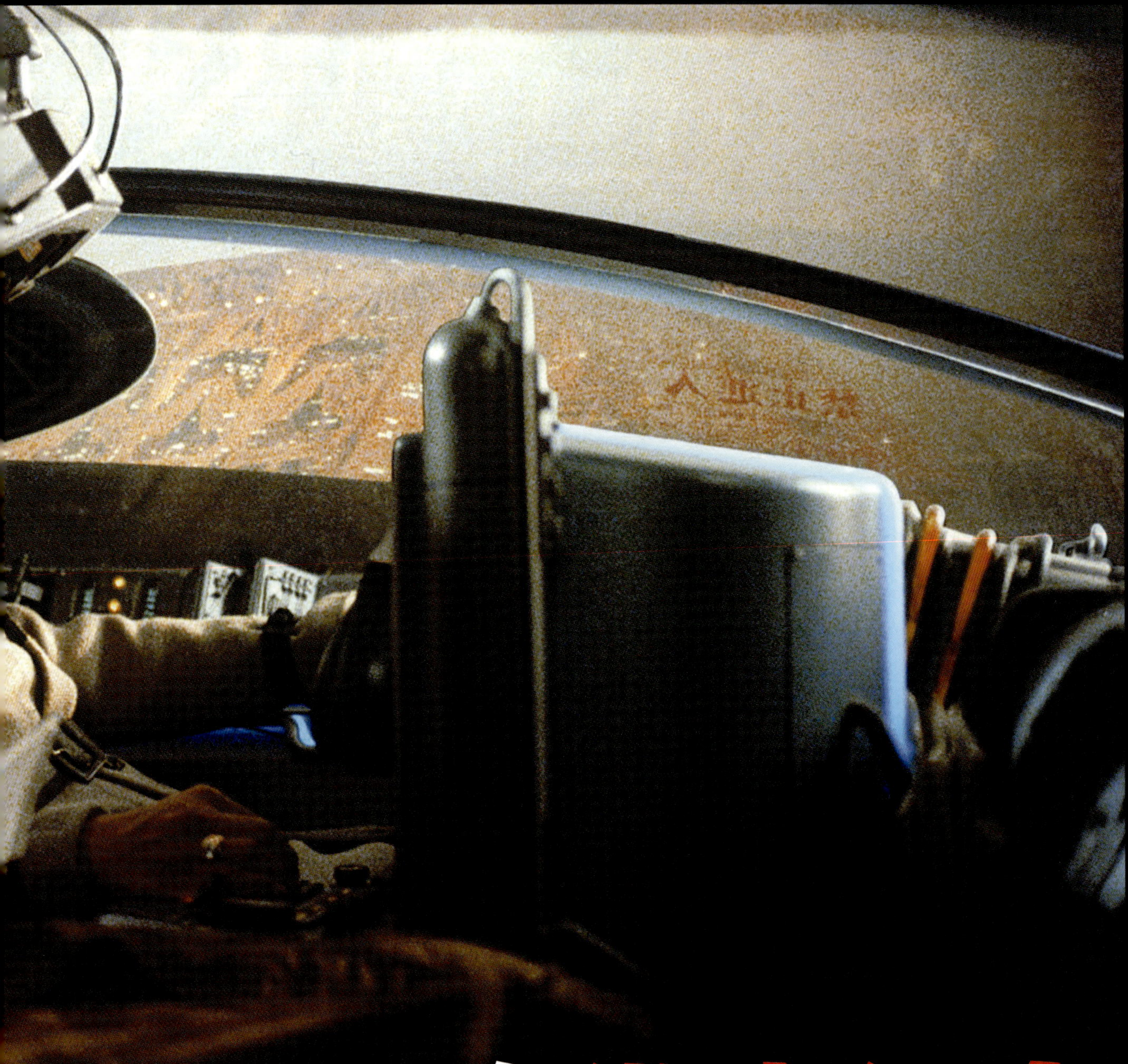

ンナー』を徹底紹介

1982年7月10日に日本公開された『ブレードランナー』。SF映画史に残る金字塔的作品で、その後の映像界に大きな影響を与えた。35年ぶりに新作が公開されるが、オリジナル版を愛する映画ファンは今でも多い。主演のハリソン・フォード、リドリー・スコット監督のスペシャルインタヴュー、my「ブレードランナー」メモリー、「ブレードランナー」を楽しむためのキーワード解説で映画の魅力を紹介しよう。

『ブレードラ

『ブレードランナー ファイナル・カット』
日本語吹替音声追加収録版ブルーレイ（3枚組）
絶賛発売中／発売・販売元：ワーナー・ブラザース ホームエンターテイメント

『ブレードランナー ファイナル・カット』が現在、劇場公開中!

丸の内ピカデリー、川崎チネチッタ、なんばパークシネマ、MOVIX京都、名古屋ミッドランドスクエア・シネマにて公開中／配給＝ワーナー・ブラザース映画

Blade Runner : The Final Cut
1982年・2007年アメリカ映画／監督＝リドリー・スコット／原作＝フィリップ・K・ディック（「アンドロイドは電気羊の夢を見るか?」）／本編時間＝117分／出演＝ハリソン・フォード、ショーン・ヤング、ルトガー・ハウアー、ダリル・ハンナ、エドワード・ジェームズ・オルモス

my『ブレードランナー』メモリー

『ブレードランナー』が日本公開された当時、現在、活躍中の映画評論家たちもまだ映画業界でキャリアをスタートしていなかった。そんな彼らにとってこの映画とはどんな存在なのかを書いて頂いた。

非・人間である存在が社会に投入されることでそそり立つ「人間性とは何か?」という定義への疑問は、あらゆるカルチャーに影響を及ぼしてきた

文＝清水 節

あれから35年の歳月が過ぎ、『ブレードランナー』（以下、ブレラン）の重要性は、日に日に増してきた。本作に関する文章は、マニアックなトリヴィアから社会学の論考に至るまであふれ返っているので、ここでは、1982年7月の日本公開当時、19歳の学生だったど真ん中世代として、後付けの模造記憶ではない、極私的な記憶を記しておこう。

ブレランへの期待値が徐々に高まっていったのは、『スター・ウォーズ／帝国の逆襲』への興奮と『E.T.』の感動に挟まれた80年代初頭。16ビットのプロセッサ登場を耳にしたものの、パソコンはまだマイコンと呼ばれ、まもなく現れるファミコンの姿形も知らず、デジタルキッズがゲーセンに入り浸っていた頃だ。SF映画こそ最先端カルチャーだと信じていた青少年にとって、バイブルはヴィジュアル月刊誌「スターログ」。映画ジャーナリスト中子真治氏による〈ハリウッド発：緊急レポート〉と題された、ワーナーのバーバンク・スタジオへの潜入取材記事は鮮明に覚えている。原作がフィリップ・K・ディックであることよりも、『エイリアン』直後のリドリー・スコット監督作であることよりも、SFXマンが『2001年宇宙の旅』や『未知との遭遇』のダグラス・トランブルだという情報に、僕は真っ先に反応した。そして、逃亡したレプリカントと呼ばれるアンドロイドを狩る、ノワールなハードボイルドSFであることを知った。

日本での宣伝展開は、いたって地味だった。ハリソン・フォードが来日したにもかかわらず、である。広告に踊る「SE〈サイエンス・エンターテインメント〉巨篇という造語に、この言葉は流行らんだろと眉をしかめ、「特殊警察の凄腕＝ブレードランナー」という解説に、叩き上げのデカみたいだなと苦笑し、「レプリカント軍団、人類に宣戦布告！」といったコピーに、ポイントはそこなのか!? と首を傾げ、公開初日に新宿のミラノ座に駆けつけてみると、閑古鳥が鳴いていた。おそらく同世代の映画ファンは、ハイテク装甲車を乗り回す特殊部隊が砂漠で戦う、同日公開の『メガフォース』へ流れたのだろう。夏の洋画『ロッキー3』『ポルターガイスト』『コナン・ザ・グレート』『ファイヤーフォックス』の中で埋もれたブレラン興行は、ごく静かに終わっていった。

だがしかし。映画鑑賞歴の浅い僕は、ヘヴィ級のパンチを食らったような衝撃を受けていた。いや、正確を期すなら、何やらとんでもなく情報量の多い未知なるアートに触れてしまい、どう消化すればいいのか困惑したまま放り出された状態とでも言おうか。2019年のアンバーに霞んだLAの上空を、スピナーが飛ぶオープニングから打ちのめされた。宮殿のごとく建つタイレル社のピラミッド状のビル。酸性雨の降りしきる街を、無表情で行き交う傘をさした人々。漢字やカタカナが氾濫するオリエンタルで猥雑な街並み。時代が逆行したとしか思えないファッション。『エイリアン』の生活感に満ちた宇宙船ノストロモ号船内どころではない。こんなにも重苦しい近未来を目にするのは初めてのこと。SFXは完璧に本編に溶け込み、隅々まで美学が行き渡っていた。

そうした視覚的世界観に貢献しているものが、インダストリアル・デザイナーのシド・ミードや、コミック・アーティストのメビウスの仕事であることを「スターログ」で学び、銀座のイエナや高田馬場のビブロスといった洋書店へ足を運んだ。

正直に言えば、テーマについて深く考えるようになったのは、家庭用ビデオの普及に比例する。ブレランには複数のヴァージョン違いが存在した。本作のカルト化は、レンタルビデオの隆盛という時代背景と不即不離の関係にあるのは間違いない。

厭世的でヒーローらしからぬブレードランナーは、感情移入を拒んだ。脳裏に焼き付いたのは、定められた寿命に抗い、必死に生きようとするレプリカントの怒りや悲しみの表情。そしてスコットは〝隠された真実〟を用意していた。非・人間である存在が社会に投入されることでそそり立つ「人間性とは何か?」という定義への疑問は、あらゆるカルチャーに影響を及ぼしてきた。この命題は、『ブレードランナー 2049』へと持ち越されるのだろう。

『ブレードランナー』は、ただひたすらに切ない男の子の映画だった

文＝黒住 光

今でこそSF映画の名作として評価が定着している『ブレードランナー』だが、そのポジションに落ち着くまでには紆余曲折があった。まず触れておかなければいけないのは、最初の劇場公開時には大コケした映画だったということだ。『スター・ウォーズ』と『レイダース／失われたアーク《聖櫃》』で大スターの地位を不動にした直後のハリソン・フォードが主演、『エイリアン』をヒットさせた直後のリドリー・スコットが監督という布陣にも関わらず、興行的には大失敗。私は封切り時に新宿ミラノ座で観たが、今はなきあの大劇場がガラガラの惨状だった。

『ブレードランナー』を最初に見つけたのは封切館に駆けつけたSF、特撮オタクたちである。「実はアレ、傑作なんだぜ」と、特撮オタクたちはダグラス・トランブルによるSFXのクオリティや、シド・ミードのデザインセンスを褒めそやした。

次に飛びついたのは流行に敏感なオシャレ系の人たちだった。普及し始めた家庭用ビデオという最先端機器のおかげで、にわかに映画に興味を持ち始めたオシャレな人たちが「ブレラン知ってる?」と言い始めたのだ。ファッション誌の映画特集などで、オシャレ芸能人たちが好きな映画、オススメ映画として〝ブレラン〟を挙げるのがお決まりになっていき、モノトーンのインテリアの部屋に彼女や友人を招いてビデオで『ブレードランナー』を観る……というのが80年代のリア充だった。「２つで十分ですよ」という言葉でニヤリとできるかどうかでドヤ顔。この辺の感覚はリアルタイム世代にしか分からない。

あの当時、なぜオシャレ系にウケたのかというと、この映画がミクスチャー文化の先駆けだったからだろう。西洋と東洋、過去と未来をゴチャ混ぜにした美術感覚は『スター・ウォーズ』がすでに実践していたのだが、ブレランはそれをさらにアダルトなハードボイルドロマンの世界で展開し、「レトロフューチャー」という言葉を流行らせた。

当時の私はそういうオシャレ文脈にもオタク文脈にも乗れなかった。私にとっての『ブレードランナー』はそういうものじゃない。冒頭の未来都市の風景。工場の煙突から炎が吹き上がる光景がミラノ座の大スクリーンに広がった瞬間、それはレトロフューチャーではなく、ただ素直に懐かしい風景だったのだ。石油コンビナートの街で生まれた私にとって、夕闇に揺れる煙突の炎は未来の風景ではなく、懐かしい原風景だった。

工場地帯の街は『ブレードランナー』のロサンゼルスのように猥雑だった。労働者向けのスナックやキャバレーのネオンに囲まれた公園で、埃だらけの産業道路のそばの空き地で、昭和の工場地帯の子供たちは遊んだ。何が楽しいのか、男の子たちは無為な遊びに熱中する。決着がつきもしないメンコやビー玉の勝負をえんえんと続けたり、ただドッジボールを投げ合ってみたり。どちらかが「帰ろう」と言い出すまで、黙々とボールを投げ続けるのだ。やがて日が暮れて、それでもどちらも「帰ろう」と言わなくて。母親が呼びに来るまで遊び続ける男の子の時間。まるで永遠に終わりそうにない時間の中で、薄暗い空には、遠くのコンビナートの煙突の炎がぼうっと揺らめいていた……。

そんな時間を過ごして育った者にとって、『ブレードランナー』の終盤に繰り広げられるリック・デッカードとロイ・バッティの、無益に見える死闘に何の意味があったのかは、説明されなくても分かる。あれは永遠に母親が呼びに来てくれない男の子同士の、神聖な遊戯の時間だ。ロイがデッカードに語る「タンホイザーゲートの暗闇の中のCビームの輝き」の話がなぜあんなに切ないのか。昭和の男の子の遊びの時間の記憶も、80年代の都市生活者のオシャレの記憶も、やがてそれを見た自分がいなくなれば消えていくしかないのだ。そう、雨の中の涙のように。

というわけで、私にとって『ブレードランナー』はカルトでもなければSF映画の金字塔でもなく、ただひたすらに切ない男の子の映画だった。今度の『ブレードランナー２０４９』が私の満足する映画であることは望まない。２０１７年の今の時代の、男の子たちの深いところに響く映画であってほしいと願う。

リドリー・スコットが『ブレラン』で差し出したのは、いま私たちが暮らしているこの世界と地続きの未来

文＝渡辺麻紀

『ブレードランナー』が公開されたのは1982年。

ネットなんてない時代、映画の情報は雑誌から得るしかなかった。筆者の場合は「スターログ」というSFヴィジュアル誌。毎号、隅々まで目を通し、映画に限らずアートやコミック、小説等、SFに関する情報や知識を手に入れていたのだ。

その「スターログ」が82年の始めから折に触れ、紹介していたのが『ブレードランナー』だった。フィリップ・K・ディックの原作で、監督はリドリー・スコット、主演はハリソン・フォード。この組み合わせも魅力的だったが、やはりもっとも気になったのはその映像。誌面を飾っていたのはネオンと雨にけぶる薄汚れた未来都市。それはとても強烈で、以来、公開日を指折り数えるようになったのは言うまでもない。

そして、待ちに待った『ブレードランナー』は本当に素晴らしかった。何がもっとも心に残ったかと言えばストーリーでもフォードのかっこよさでもなく、ディテールだった。

人工ヘビの小さなウロコを拡大鏡で見ると、ちゃんと製作会社の名前とナンバーが記されている。デッカードが殴り合いをしたあと水を飲むと、そのコップの水に血のあとが一筋にじみ出る。雨が降ってよく見えない細部をもっと見たくなる！　これは凄い。これは観たことがないと、本当にクラクラしたのだ。

当時、ヒットはせず、日本では最短の3週間で打ち切られたというのは有名な話だが、SFファンの間ではスペシャルな1本には違いなかった。その後、なぜかSFファンじゃない人たちの間でもスペシャルな作品になったようだが、そのきっかけはよく知らない。

さて、そこでリドリー・スコットである。SF映画界におけるエポックメイキングな作品を2本（もう1本は『エイリアン』）も作っているにもかかわらず、スコットはSFファンではないというが、それは彼にとっては大きなプラスとなった。既成の概念に囚われず、過去の作品に縛られることのない新しいSFを生み出すことが出来たからだ。

では、そんなスコットが、なぜ2本も続けてSFを撮ったのか？　美術学校でずっとアートを勉強してきた彼にとって、映画のスクリーンは大きなキャンバスのようなもの。そこに思いっきり自分の〝絵〟を描くことが出来るSFに大きな魅力を感じたからに違いないのだ。つまり、まだ見ぬ世界をテーマにするSFは、自分で一からその世界を構築できるジャンルだから。ストーリーや役者より、そのヴィジュアルに目が釘付けになってしまうのは、そこにこそスコットが心血を注いでいるからだ。

スコットが『ブレラン』で差し出したのは、いま私たちが暮らしているこの世界と地続きの未来。どこかで目にしたことのある要素やアイテムを散りばめたからこそ、その〝地続き感〟が生まれたのである。この感覚も、『ブレラン』が初めてだった。

考えてみれば、SF映画を語るときに「世界観」という言葉が使われるようになったのは『ブレラン』以降。日本を始めとするアジアのカルチャーが未来の象徴になったのも『ブレラン』から。そもそも、未来が薄汚れていることになったのも『ブレラン』の影響である。実際、それ以降のSF映画で『ブレラン』の影響を受けてない作品はないと言っていいくらい。いくらあがいても、あの強烈な「世界観」からは誰も逃げられないのだ。こうなるともう、歴史で用いる用語「AD」「BC」になんで、『ブレラン』以前を「BB (before Blade Runner)」、『ブレラン』以降を「AB (annus Blade Runner)」と呼びたくなる。それくらい、SF映画界にディープインパクトを与えてしまったのだ。

映画の仕事をするようになって、スコットにインタヴューをする機会を頂き『ブレラン』のことを聞くと、こんな答えを返してくれた。

「公開したときは、やれ汚いとか暗いとか、散々だった。ところが後年、今度は『クール』なんて言い始める。何なんだと言いたいね。私にとって『ブレラン』は美しい映画なんだ。私が美しいと思うものを詰め込んだのだから」

この美意識！　これこそが『ブレードランナー』を世紀の1本にしたのだと思う。

『ブレードランナー』5つのヴァージョン比較

『ブレードランナー』には5つのヴァージョンがある。最初の試写版が観客に不評で作り直したため、オリジナルの劇場公開版は監督の満足のいくものではなかったこと。そして、後にDVDなどのソフト化する際に別ヴァージョンを作る機会があったことがあげられる。
これらはすべて日本では07年に発売されたDVDボックス「ブレードランナー製作25周年記念　アルティメット・コレクターズ・エディション」に収録されている。

ワークプリント版(82)

全米公開前、デンヴァーとダラスで行われた観客の反応を見るためのリサーチ試写で上映されたヴァージョン。観客の大多数は、ハリソン・フォード主演のSF映画ということで『スター・ウォーズ』的な作品を期待していたためか、その反応は悪く、アンケートでは、内容がよく分からない、暗くて陰気だなどの否定的な意見が多かった。

オリジナル劇場公開版(82)

全米劇場公開版。リサーチ試写で不評だった部分を修正したもの。大きな違いは、主人公役のハリソン・フォードによるナレーションの追加と、ハッピーエンドのラストシーン（デッカードとレイチェルが逃亡し、緑の山並みの空撮映像が展開していく）の追加。

ちなみに、ナレーションというアイディアは試写の後で初めて生まれたものではなかった。監督は本作にフィルムノワールの雰囲気を取り入れたいと考え、そのジャンルによく使われる手法であるナレーションを使うことを検討したことがあった。

インターナショナル劇場公開版／完全版(82)

北米以外のヨーロッパやアジアで劇場公開されたヴァージョン。日本でもこのヴァージョンで公開された。日本ではレンタルビデオやLDに収録されたのは「オリジナル劇場公開版」で、後に「インターナショナル劇場公開版」が「完全版」というタイトルでビデオ発売された。

内容は、基本的に全米公開版で削除された暴力的なシーンが追加されたもの。ロイがタイレルの両目に親指を突っ込むシーン、プリスがデッカードと戦うシーン（プリスがデッカードの鼻に指を突っ込んで鼻を持ち上げようとする、デッカードが撃つ回数が多いなど）、ロイとデッカードが戦うシーン（ロイが手の甲を釘で貫くクローズアップ）などが追加され、より長く暴力的になっている。

ディレクターズ・カット版／最終版(92)

劇場公開10周年を記念して、ワーナー・ブラザース映画がリドリー・スコット監督に再編集を依頼し、監督自身が編集し直したヴァージョン。

大きな違いは、これまでのヴァージョンにはなかった、デッカードがユニコーンの夢を見るシーンが付け加えられたこと。これに関連して、スコット監督がデッカード＝レプリカント説を唱えて話題を集めた。また、リサーチ試写の後で追加された2点、ナレーションと最後のハッピーエンドが削除された。

ファイナル・カット版(07)

劇場公開25周年を記念して、再度、監督自身が手がけたヴァージョン。基本的に、画質のクオリティを向上させたもの。特撮シーンの映像は、これまで製作費を抑えるために使われていなかった、特殊レンズを用いて撮影された70（65）ミリフィルムが使われて、映像が鮮明になった。

またデジタル処理でも画質が補正され、映像の細かい修正（ゾーラがガラスを破るシーンのスタントの顔にゾーラを演じた女優の顔を合成するなど）も行われた。

新たなシーンはないが、ワークプリント版のホッケーマスクをつけた女性が踊るシーンや、完全版の暴力シーンが追加されている。

『ブレードランナー』
ファイナル・カット
絶賛発売中

『ブレードランナー』
クロニクル
絶賛発売中

発売・販売元：ワーナー・ブラザース ホームエンターテイメント

監督

リドリー・スコット
Ridley Scott

ロバート・ヘイズ／訳＝平沢 薫

「ナレーションをつけることは、映画を撮り始める前から考えていたが、それにはおかしな理由がある」

2007年、『ブレードランナー』公開25周年を記念して、リドリー・スコット監督自身によって編集された『ファイナル・カット』が公開された。このインタヴューは『ファイナル・カット』のDVD発売に際して行われた。

――『ファイナル・カット』には新たなシーンがありますか？

「あるよ。レプリカントのゾーラのシーンだ。彼女は追いかけられてガラスを砕き、倒れて死ぬ。そのシーンはスタントが演じていた。あの場面のガラスは、粉々に破るために、本物のガラスではなく砂糖で作ったガラスを使ったんだが、私はあの大きなガラス板の鮮明度、精細度が心配だった。しかも持ってみたら、非常に鋭くて厚かった。あのガラス板を使うなら、何事も問題が起こってほしくないと思ってスタントを使ったんだが、スタントだということがよく分かる映像になってしまっていた。しかし、今はデジタルで修正することができる。そこで私たちはスタントの顔に、ゾーラ役の女優ジョアンナ・キャシディの当時の顔を合成した。ゾーラは途中でよろめいて、それから立ち上がって前方に向かって走るんだ」

――『ファイナル・カット』は他のヴァージョンと比べてどうですか？あなたの好きなヴァージョンですか？

「映像が精錬されて、劇場公開プリントのようになった。いくつか取り除いたものもある。大きな削除は、ナレーションと、エンディングの渓谷の映像だ。あの映像は『シャイニング』のラッシュから持ってきたものだ。あれを削除したのは、あのシーンの前で、すでに映画が終わっているからだ。フィルムノワール映画として、エレベーターのドアが閉まったところで終わるべきだ。私たちはそのエンディングに満足していた。あの映画の構想は常に、フィリップ・マーロウ（ハードボイルド小説の私立探偵）を、マーロウ的なセンスを意識していたんだ。

ナレーションをつけることは、映画を撮り始める前から考えていたが、それにはおかしな理由がある。私が『地獄の黙示録』のナレーションに感銘を受けたからなんだ。私には、マーティン・シーンの声は、フランシス（フォード・コッポラ監督）とナレーション脚本を担当した（マイケル）ハーの声が合体したものに聞こえた。ハーは、ヴェトナム戦争についての本も書いている。この映画のナレーションは見事だと思った。マーティン・シーンが演じている人物は、基本的に目立たなくて、映画全体を通してもそんなにしゃべらない。なぜなら、彼がこの映画でやっていることは、〝いろいろ考える〟ということだからだ。だから私はずっとこのナレーションはとても効果的だと思っていて、ハンプトン（ファンチャー）と、この手法を使う可能性について検討していた。

それに、ナレーションなしで一種のテスト試写をしてみたところ、うまくいかなかったんだ。観客たちはたくさんの説明を求めていた、映画に登場する、いろんなものが何なのか、ストーリーがどこに向かっているのか、あれやこれやについてね。しかし、私は映画は観客の一歩先にあるべきだという信念を持っている。観客と一緒にあるのではなく、別のところにあるのでもなく、先にあるべきだと思うんだ。ドラマというもののポイントはそれだ。ある方向に観客を先導していく。すると観客はすぐに、またはしばらくして、どこに行くのか分かる。観客はそれを楽しむんだ。だから我々はナレーションをつけることにした。そして、ナレーションを書き始めたら、やめられなくなった。

『地獄の黙示録』で、フランシス（フォード・コッポラ監督）と（マイケル）ハーは、ナレーションを映画の内側に取り込んでいる。ナレーションによってチャーリーがどんな人物なのかを描き、ヴェトナムの状況について描いた。それに、映画であんなにたくさんの言葉が語られるのを体験したのは、あの作品が初めてだった。だから、新鮮で効果的だと感じたんだ。

ところが私たちのナレーションは、街がどういうものなのか、何が起きようとしているのか、人々がどう感じているのかを語っている。これではうまくいかない。ナレーションを

©Riccardo De Luca/Maxppp/Zeta Image

Marlboro
Schlitz

つけるかどうかは、重要な違いではないと思ったんだ。テスト試写は、ただのマーケット・リサーチだ。しかし、映画作家にとっては呪いだ。それに囚われてしまって、ヒビが入ってもいない花瓶を修理せずにはいられなくなる。そうしていろんなことが起きる。

その一方で、マーケット・リサーチによって救われる映画も多い。例えば450人の観客が映画を観て、25人が好きだと言い、425人が嫌いだと言ったら、それには理由がある。それがなぜなのか考えるべきだ。または400人が理解できないと言って、50人が理解できたと言ったら、それも気にするべきだ。映画のロジックを見直した方がいい。何か問題がある、ということだ。私は広告業界出身だから、この映画は観客とコミュニケーションができているかと、いつも問いかけている。それができていなければ、問題があるということだ。これはすべてについて言えると思う」

――削除した部分はありますか？またはセリフを変えた部分など？

「無駄なものをなくしただけだ。ナレーションをなくしたら、場面によってはシーンが長く感じられるようになった。だから、そういう部分は削除した。

ユニコーンのシーンは、ヴァージョンによってあったりなかったりしているが、私にとって常に重要なシーンだ。なぜなら、あのシーンは観客にデッカードがレプリカントだと理解させるためのものだからだ。ガフの折り紙のデザインは、まず紙のニワトリ、マッチ棒の男、そして最後の折り紙がユニコーンだ。ハリソン・フォードは、それを見て同意の印にうなずく。彼は自分が人間でないかもしれないと考えたことを認めるんだ。それについて詳しく聞きたいかな？」

――ぜひ。

「世界で最も心気症を患うのは医師たちなんだ、知ってたかい？　そして職業別に見ると、最も自殺者が多い職業は医療関係者だ。なぜかというと、彼らは毎日、病気と死に向かいあっているからだ。そうしたことに日常的に接していると、ある時、自分の腫れ物が全部、死に至る病気だと信じてしまうようになる。だから、毎日レプリカントのハンターをしていると、同じような状況に陥ってしまうんだ。プリスと廊下でのシーンを体験したり、レイチェルに向かってその記憶は君のものではない、タイレルの姪の記憶だ、などと話すると、自分もレプリカントではないのか？　それとも違うのか？　と考え始めるようになるんだ。そこから病的な疑いが始まる。この映画は徹底的に偏執症《パラノイア》なんだ。

デッカードがピアノを弾くシーンで、彼は少しだけ酔ってフィリップ・マーロウ風な感じで、ロイ・バッティの引き出しで見つけた写真を見ていて、ピアノの鍵盤を叩きながら、緑の草原とユニコーンを夢見る。それはとてもプライヴェートな夢想だ。マッチョな男なら、酔っ払ったときでも仲間には話さないようなね。自分の個人的な時間にユニコーンの事を想うのはいい。だが、冷酷な仕事をしようとするときに、何もしていないのに、急に緑の野が見えて、何てこった、ユニコーンが見える。瞬きすると、それは消える。そして仕事に戻ることができる。

だから、デッカードは、最後にユニコーンの折り紙を見て、ガフがそこにいたことを知り、彼がレイチェルを殺せたのにそうしなかったことを知る。ガフはデッカードを憎からず思っているので、折り紙で、自分はデッカードが知るべきちょっとしたことを知っている、と伝えずにはいられなかったんだ。ガフはタイレル・コーポレーションのファイルで、レプリカントの個人的な夢について知ることができる。その1つが、ユニコーンの夢なんだ」

――『ブレードランナー』にもう1度取り組んだ、一番大きな理由は何ですか？

「フィルムがダメージを受けていたからだと思う。25年前に公開された時も、ある意味でダメージを受けているのが分かったよ。

いいかね、私は『ブレードランナー』を撮ったときも初心者ではなかった。すでに『エイリアン』を撮り、『デュエリスト／決闘者』を撮り、30歳からこの仕事をやっていて、2千本ものコマーシャルを撮っていたんだ。その前に、メビウスなどのフランスのコミック雑誌『ヘヴィ・メタル』に夢中になっていた。メビウスと近未来版の『トリスタンとイゾルデ』を撮ろうと企画していた。コミック作家のメビウスが衣裳をデザインしてね。メビウスのことは知ってるね？　メビウスは私の『エイリアン』の宇宙服をデザインした。私は今でも彼が描いたデザイン画を持っている。そこで私は『ブレードランナー』に『ヘヴィ・メタル』誌的要素を加えようと考えたんだ。『ヘヴィ・メタル』誌から『ブレードランナー』に持ち込んだものは、基本的にはフィリップ・マーロウ的な要素だ。フィリップ・マーロウと『ヘヴィ・メタル』誌とハンプトン・ファンチャーの脚本を融合させた。その作品は、最初は『デンジャラス・デイズ』と呼ばれた。

しかし、その脚本はみんなを納得させることができなかった。彼らは理解できなかったんだ。当時は誰も『ヘヴィ・メタル』なんてコミック雑誌を知らなかった。まったく無知だった。すぐに『ヘヴィ・メタル』は音楽のジャンルだと勘違いされているのが分かったよ。

だが私が思うに『ブレードランナー』を本当に生き返らせたのは、MTVだ。MTVの放送が始まった夜のことを覚えている。ピート・タウンゼントが出演して〝こんばんは、みなさん。こちらはMTV〟と言った。おそらく81年だ。それから3、4年して、私はまだプロモーションや広告、ロックのミュージックビデオの仕事をしていた。私はそれを見ながら考えた。その頃は、ミュージック・ビデオが優れていた時期だ。今はパフォーマンス・ビデオばかりで、あれはとても退屈だが、初期のMTVのビデオは映画のようで、映像作家の興味を引いた。映像作家がバンドを作品に巻き込んで、バンドが映像作家を愛し、偉大な短編映画が生まれた。

あるときMTVを見ていて、誰かが『ブレードランナー』の数場面を借用しているぞ、使用料を払ってもらわなくちゃ、と思って、それから分かった。待てよ、これは『ブレードランナー』じゃない。あれはバンドのメンバーだ。『ブレードランナー』がすべてに大きな影響を与えていたんだ。衣裳、雨、青いライト、路上のスモーク、あらゆるものに。それらは、私はコマーシャルの仕事で知って『ブレードランナー』に投入したものだ。あの映像は、あの世代にとって一種の義務教育のようなものだ。MTVであいう映像を見た世代は、突然、理解するんだ。そしてあれをクールだと思う。しかし、クールじゃないと思う人たちもいる。彼らが、どうしていつも雨が降っているのか、どうして青なのか、そんな質問をするのを聞くと、そいつらのところに大きなハンマーを持って行って大暴れしたくなった。なんてバカげたコメントなんだ、信じられない、と思った。しかし、その時は私は状況を受け入れて、自分の失敗を認めた。やがて『ブレードランナー』は少しずつ真価を認められるようになっていった。

そして92年に、サンタモニカのフェスティヴァルで、状態の良くないプリントが上映された。1晩だけのはずだったのに、1週間にわたってね。そこにいたジャーナリストが"この映画は何だ?"と言ったからだ。そこで私は何世代もの人々が、この映画を観ていないことを知った。観たことがなかったんだ。25年間といえば、2世代と半分だ。私は今や世代は10年ではなく、5年で交代すると思ってる。かつては20年で変わると思っていたものが、今はまったく違う、10年でもなく、5年で変わるんだ。もし人々が5歳でコンピュータのキーを叩くなら、OK、世代は5年で変わる」

——もし今日、新たにこの映画化企画に参加するなら、別のやり方で取り組みますか?

「どだい『ブレードランナー』は、私がすべてを作ったものではない。だから、どうなっても気にしないと言える。『ブレードランナー』は、近年、作られているあの手の映画のゴッドファーザーだ。私が今、欲求不満に思うのは、本当にいい脚本といいアイディアが不足していることだ。『ブレードランナー』にはいい脚本とアイディアが詰まってた。そ

「私は『ブレードランナー』に『ヘヴィ・メタル』誌的要素を加えようと考えたんだ」

れはハンプトン・ファンチャーのものだと言わなくてはならない。デヴィッド（ピープルズ）はいろいろ良い仕事をしてくれたが、この脚本の基本的な生みの親は、ハンプトン・ファンチャーだ。

誰かに気に入っているシーンはどれかと聞かれて、ここかもしれないと思ったのは、自分が人間だと思っていた少女が、自分がロボットなのではないかと思って気が動転するシーンだ。そこに、彼女に真実を告げる男がいる。男が話すのは、記憶についてだ。彼は、その記憶は君のものではなく、タイレルの姪の記憶だと言う。川の近くの蜘蛛を思い出すのも。彼は記憶の移植について話す。これは、現在の科学を少しだけ先取りしたものだ。現在は多くの科学者たちが、記憶移植について考えている。記憶をコントロールするというとジョージ・オーウェルの『1984』のように聞こえるが、そうではなく、科学者たちが検討しているのは、医療的に記憶を植え付けるというアイディアだ。脳の損傷などによって失われた記憶を復活させる方法が、研究されている。

クローン技術もそうだ。もし誰かがやってきて『私はもっと命が欲しいんです、父さん』などと言ったら、映画でそうしたように、延命措置がなぜ不可能なのかを説明して、それを最もらしく聞こえるようにすることはできる。クローンについては、72年の上院議会で発表されたと思うんだが、記事をなくしてしまった。83年に上院がクローニングの容認について発表して、牧畜のために羊のクローンを作る権利を保証した。羊の複製を作ることができるなら、人間の複製を作ることができる。映画が現実と接点を持った。この映画にはそういうものがたくさん出てくる」

——ぴったりのものが、ぴったりの時期に出てきました。

「そうだ。しかし、何もかもがスーパーヒーロー映画にのみ込まれてしまって、退屈になった。もしもう1本、スーパーヒーロー映画を観なくちゃならないなら、自分を銃で撃つよ。主人公たちはスーパー特殊部隊員で、いつもスーパー・オリンピック選手で、いつもハーヴァード大学を優等で卒業していて、うんざりする！」

——良い脚本が不足しているからですか？　だから長い間、SFを撮らなかったんですか？

「まったくその通り。私はSFを撮りたいと思って検討してきた。企画に参加して、素材になりそうなものに接触したが、本当にオリジナルなものは見つからなかった。『エイリアン』についての事実はこうだ。『エイリアン』は基本的にB級映画なんだ。5人の監督がパスした。私は6人目だった。あの企画に声がかかったとき、私は『ヘヴィ・メタル』に夢中だったから、脚本を読んで〝わお、これをやりたい！〟と思ったんだ。私がハリウッドに到着してから、22時間しか経っていなかった。彼らは〝これがやりたいのか？〟と言い、私は〝そうだ〟と答えた。〝どうやったらいいか分かっているのか？〟〝そうだ〟〝どうやるんだ？〟〝君たちに話すつもりはない〟。そうやって、私たちはあの映画を撮ったんだ。しかし、あれは実際のところB級映画だ。真の優れたテイストのせいでAプラスの映画のように見えるけどね（笑）」

——25年前の映画を、今も編集し直すような監督は少ないのではないでしょうか。

「少ないだろうね。しかし、ある作品は、何度も私のところにやってくるんだ。電話が鳴って、受話器を取ると、ホワイトノイズしか聞こえない。人生は過ぎていくし、自分も前に進んでいく。それでも何度も意識の表面に浮上してきて、頭の中で跳ね回るものはある」

——今の映画界の最大の問題点は、映画に3作目の続編が作られることではないでしょうか？　『シュレック3』のように。

「いや。『シュレック3』は観客にとって最適の進化形さ。あの映画は子供たちのためにデザインされて、ファミリーが観に行くものだ。『シュレック』は例として適切ではないね、あれは優れた作品だから。それに私が『レジェンド／光と闇の伝説』を撮った理由でもある。子供の頃、ポルノ映画を覗き観ていたように。いつも言ってるんだが、子供だった頃、

ポルノ映画とホラー映画は同じものだった。どちらにも〝行ってはいけない〟と言われていたんだ。私は退屈している子供だったから、〝やってはいけない〟と言われるとやりたくなった。私は熱心に勉強していて、本当にうんざりしていたんだ。クリスマスになると、毎年、午後の回に上映される『白雪姫』『ピノキオ』『ファンタジア』に夢中になった。大人がポルノ映画を観るのと同じだよ。静かに座って『ファンタジア』の「禿山の一夜」を観る。そこには、私が考える通りの暗闇があった。私は悪魔も想像した。私はジャン・コクトー監督の『美女と野獣』を愛してる。その一部を『レジェンド/光と闇の伝説』の中で発展させていると思う。そしてウォルト・ディズニーの作品はすべて、背景も素晴らしい。私は絵描きなんだ、美術学校に7年間も通った。だからディズニー・アニメの前に座っているのが大好きだ。キャラクターだけではなく、背景や、照明技術の素晴らしさを愛でながら。ディズニーではないが『シュレック』にもそれがある」

――視覚効果技術は進化しましたが、あなたはジョージ・ルーカスのようにオリジナルの映像を捨てたりはしませんよね? 具体的にここは修正したいという部分はありますか?

「いや。修正は必要ない。当時の私たちがやったことはとてもうまくいったと考えている。今、プリントを観てショックを受けたとしても、それを本当に変えたいとは思わない。当時はそういう時代で、マットペイントはマットペイントだった。文字通り、マット画は、すでに描かれたものなんだ。それにマット画は十分に素晴らしかった、心からそう思う」

――ケーブルを消すというようなことは?

「ケーブルは少し消した。そういう修正はやった。しかし、それ以上のことはしていない。私は劇場で、スクリーンの前に大きな黄色いパッドにライト・ペンシルを持って座り、デジタル映像を観た。大スクリーンで映写したが、改良版の合成映像は、ただ映像をクリーンアップしただけだ。私たちは音のステムミックスをやっているが、今は、すべてがデジタル化されている。なんでもデジタル化して再構築することができる。しかし、当時はステムファイル形式など存在しないし、基本的には3チャンネルだった。音楽、音響、セリフもだ。音楽と音響は同じトラックだったから、比率がうまくいかなくて、リミックスできない。セリフの音を少し小さくするくらいしか、やれることがない。そんなふうに、当時は私たちのできることには限りがあった。今はいろんなことができる。だが25年という時間が経過したせいで、困ったことにセリフの音は少し脆くて、少々ざらついてしまっている。しかし、音楽はとてもいい状態で残っている。そしてとても興味深いことに、オリジナルのネガプリントは、まるで先週撮影したようにいい状態だ」

――それでは、変更しなくてはならない部分はなかったんですね。

「少しある。しかし、それはデジタルで改善できる程度のことだ。デジタルについては面白いことがある。これを言うと告訴されるかもしれないが、1週間か1ヵ月くらい前に何かで読んだんだ。映像はデジタル化したものの方が、アナログよりも早く失われてしまうというんだ。これは正しいのかな?」

――デジタルの方が失われやすいです。

「失われやすいということは、フィルムよりも傷みやすいということだ。保管については、デジタルよりも、昔のテクニカラーのような、バカげた古いシステムの方が長持ちする。あのシステムは、活字印刷の母型のようなものだ。印刷では、3つか4つの基本色と白と黒でなんでも描ける。印刷物にしてもそうだ。デジタルによる保管にすでに問題があるとしたら、正しい方法ではないんだろう」

――音楽についてはアイディアがあったのでしょうか? ヴァンゲリスがあなたにアイディアを提案したのでしょうか?

「いや、彼のアイディアではない。私はさまざまなミュージシャンと仕事をしたが、ヴァンゲリスとの仕事は、もっともいい経験の1つだ。彼は家の中に、倉庫のようなスタジオ

を持っていた。私は映画の編集を終えた夜、彼のスタジオに行って、1日中、彼とアシスタントと一緒に映像を観た。彼はそこで何か音楽を作ったんだが、それはニューエイジ・ミュージックのような音楽だった。そのジャンルはまだ生まれたばかりだったことを忘れちゃいけない。エンヤが出てきたのは、そのずっと後だ。エンヤは素晴らしい、光り輝いている。ヴァンゲリスもだ。私は彼はフィリップ・グラスには似ていないと思う。ヴァンゲリスが唯一の人物だとは言わないが、ある地点に到達した人物の1人だと思う。彼は、映画を輝かしいものにするプロセスを理解している。ただ座って、文字通り、その場面を何度も何度も何度も何度も観る。それから演奏を始める。そのプロセスはとてもオーガニックだ。

ある夜、彼が8分間の音楽を演奏してくれたんだ。私はその作曲者が誰かなんて気にしなかったが、有名な曲だった。それから彼は『メモリーズ・オブ・グリーン』（サウンドトラック収録）を作った。あの曲は、すごく良くて衝撃を受けた」

——曲を聴いて驚いたんですか？

「そうだ。私たちの編集技師はテリー・ローリングスだったんだが、彼は音響編集者でもあって、音楽についてもとても優れた耳を持っている。実際、テリーが私を指導してくれたおかげで、私は映画音楽に目覚めた。彼は私の初監督作『デュエリスト／決闘者』で音響編集を担当してくれた。私はなぜ音響編集者が映画の編集もやらないのか分からなかった。そこで『エイリアン』で彼に編集をやってもらったんだ。彼は『エイリアン』を編集して、それに音楽をつけたんだ。そして私は、映画における音楽について、テリーに教えてもらった。

ヴァンゲリスは、私たちが雇ったいわば間に合わせの音楽家だった。優れた間に合わせだ。というのも、すでにある音楽を使いたかったんだが、その使用料がものすごく高くて、使えなかったんだ。しかし私たちが何をしたにしろ、ヴァンゲリスはそれまでとは違う何かをやってくれた。私たちはそこに座っていて、私はテリーを見て言った、〃これが何だか分かるか？ こっちの方がいい〃。ヴァンゲリスは、私が思ったこともなかったところまで行っていたんだ。その音楽は『ヘヴィ・メタル』コミック風ロマンティシズムに完璧に似合っていた」

——あなたとハリソン・フォードはどちらも、撮影中は緊迫した関係だったと認めています。2人の関係はよくなりましたか？ 彼はこのDVDに参加しているのでしょうか？

「彼はもう参加して、仕事を終えている。私たちは問題ない！ 彼とはうまくいっている。この映画は難しい作品だったから、正直なところ、あの当時、私は説明するのが嫌になっていたんだ。私はハリウッドでは新人だったが、若くはなかった、42歳だった。自分が何をやっているか完全に分かっていたから、自分がしていることを説明して、また同じ説明を繰り返すことにうんざりしていた。自惚れていたわけじゃない。今までやってきた通りのやり方でやっていたんだ。そして、ハリソンは、常に自分自身に正直であろうとする人間だ。とくにあの頃の彼はそうだった。それで、ああいうことになったんだ。ちょっとうまくいかないことはあったと思う。しかし、概して言えば、私は今でも、あの映画の彼の演技は、彼のベストの1つだと思ってる」

——また彼と一緒に仕事をすることを考えたことがありますか？

「彼は私に脚本を送ってきたことがある。私たちはうまくいってる。彼

「ロイはデッカードには助ける価値があると判断したんだ」

ロイとデッカードが闘うシーンを
演出するリドリー・スコット監督

が送ってきたものは、彼にとても合っていると思う脚本だった。だが西部劇で、私には向いていなかった。まったく私に適してはいなかった。そういうことはあったよ」

──他の映画と違って、『ブレードランナー』だけ何度も作り直することについてどのように感じていますか？　この映画はあなたの赤ん坊なんでしょうか？

「監督作はすべて私の赤ん坊だ。どれがお気に入りということはない。どの作品も、私のお気に入りの子供だ。本当に。私はどの子供のことも後悔したことはない。ずっと。しかし『ブレードランナー』は小説のような、書物のようなものなんだ。他の作品とは違って、『ブレードランナー』は何らかの理由によって、より文学に近い。言葉のせいだろうか？　どこか小説のようで、進化する書物のようなんだ。アクションがたくさんあるわけではない。会話がたくさんあり、観客の脳の内部にさまざまな雰囲気が生み出される。書物を読んでいるときと同じように。世界で最も優れた試写室は、2つの眼球の間にある。それを忘れてはいけない。

だから、子供たちがボタンを押すばかりで、本と呼ばれるものを手に取って匂いを嗅ぐことはないのは、よくないことだと思う。私が恐れていることは、すでにもう半分は現実になっている。子供たちは、ロバート・ルイス・スティーヴンソンの冒険小説『宝島』や『誘拐されて』を読むべきだと思う。読書することで、島はどんなふうな光景なんだろう、気候はどうなっているんだろう、と想像を膨らませることができる。だが、映画はそれらをすべて目に見える形にして差し出してしまう。だから、読書をしない子供たちは、それまでとは別の新しい世代になる。それがいいことなのか悪いことなのか、私には分からない。今は判断を保留しておいて、これから何が起きるのかを見たいと思う。

でも、君の子供たちには読書をすることを勧めるよ。子供たちのTVを見る時間を制限するように、彼らがコンピュータを使う時間を制限して、その時間に読書をさせればいい」

──公開からかなり年月が経った今、『ブレードランナー』という作品の先見性についてはどう感じていますか？　映画の中に出てくるアイテムが、今は実現されていますよね。

「ハプニングだ！　2ヵ月ほど前、上海で撮影していた時、ふと辺りを見渡して〝なんてこった、これは『ブレードランナー』じゃないか！〟と思った。あそこには旧世界がある、古い銀行街が素晴らしいんだ。そして、川の向こうには、あの川はなんだっけ、三角洲があって、そこは火星だ。信じられないが、まるで火星のようなんだ。

その1ヵ月後、私はドバイにいた。ドバイには世界有数の巨大なビルディングが立ち並んでいる。その一角に、エッフェル塔の3倍の高さの世界一のビルが建っていて、その区画だけで4億5千万人の人が働いている。そのビルの底辺だけで、街の3ブロック分の大きさがあるんだ。そのビルの最上階からは何キロも先まで見えるんだが、見渡す限りあらゆるものが建設中なんだ。いったいどんなバブルが起きているのかと思ったよ。こういうアパートのために100万ドルから2200万ドルの家賃を払う人々は、どこからお金をもらっているんだ？　お金はどこから来るんだ？　この状況は、いつ止まるのか。あれも、私たち人類が向かっている進化の1つの形だと思うし、魅了されるよ」

──ロイが最後にデッカードを殺さなかったのは、彼がレプリカントだと気づいたからですか？

「いや。ロイがメッセージを残したかったからだと思う。彼は自分のメッセージを誰かに伝えてほしいと思ったんだ。しかし、いい質問だと思うよ。ロイは、すぐにデッカードがレプリカントだと気づいただろう。だが、それはロイにとってはどうでもよいことだ。ロイは、恐怖の中で生きるということは興味深いと言い、奴隷であることについても語る。レプリカントであることは、アパルトヘイトで差別されているようなものだ。そうしたいかどうかに関係なく、そのシステムはそこにあり、それから逃れらることができない。ロイは、ビルの縁にしがみついたデッカードが落下するのを待っていた。すると、デッカードが彼に唾を吐きかけようとした。彼にできることはそれだけだからね。殴ることはできないんだ、手を離せば落下してしまうから。デッカードが唾を吐きかけることで勇気を見せたから、ロイはすばやく反応して、デッカードが落下しないように、彼の手を掴んで引き上げた。デッカードには助ける価値があると判断したんだ。興味を持ってくれてありがとう。もう何年も経ったというのに、興味を持ってもらえるのはいいことだ、そうじゃないか？」

ハリソン・フォード
Harrison Ford

文=ロビン・リンチ／訳=長坂陽子

「いずれにしても僕は
この映画が好きではない」

フィリップ・K・ディックの小説「アンドロイドは電気羊の夢を見るか?」をリドリー・スコット監督が見事に映画化した1982年の『ブレードランナー』。スコット監督は人間の内面に迫る圧倒的なSF作品にノワール、ミステリー、スリラー、アクション、アドヴェンチャーというあらゆる要素を融合し、80年代でもっとも美しく、もっとも忘れがたいジャンル映画を作りだした。同時に本作は様々な異なる編集を加えたヴァージョンがあり、そのためおそらくもっとも論議を呼び、もっとも誤解されている映画でもある。

『ブレードランナー』は素晴らしいSF映画であると見なされているにもかかわらず、ハリソン・フォードは当時この映画が気に入らなかったと言う。彼にとって、この作品は多くの出演作の1つにすぎないのだ。

「いずれにしても僕はこの映画が好きではない」と素っ気なく言うフォード。「この映画の僕は何も探すものがない捜査官だ。この作品に観客がどう共感するかという点で、僕は異なる見方をしている」

作品の中で最大の争点となっている部分――後から公開されたディレクターズカットでは、削除されたデッカードのナレーションのシーン――について、フォードはこう語る。

「当時、僕はあのシーンに強く反対した。映画の本質的な部分ではないからだ」

それだけではない。フォードによると、あのナレーションを収録する前に脚本を読む時間は与えられなかったという。収録スタジオに入ったとき、脚本家にその部分のシナリオを渡されたのだ。「僕は『いいよ。これについて話し合わないでおこう。この部分を8回読むよ。内容について君と議論するつもりはない。これが適切かどうかについても論じるつもりもない。8回、それぞれ変えて読むから好きなのを選ぶといい』と言った」と当時の不満を明らかにした。

このフォードの反応、ナレーションという方法に対する不満や、事前に何も相談を受けなかったことが、彼のナレーションが精彩を欠いている理由だろう。「深く関わるチャンスがなかった。だからただ読んだ。彼らの決断やこの作品のクオリティに対しては、とても不満だったよ」

その後のことは、世界が知っている通りである。フォードに改めて『ブレードランナー』について語ってもらった。彼はこれまで私たちの知らなかった真実についても明かしてくれた。

――あなたが演じたリック・デッカードはレプリカントなのではないかと、ファンたちは何十年も論じてきました。議論は今も続いています。その問いに答えを出すためにもあなたの考えを聞かせてくれませんか? リックはレプリカントだと思いますか? リドリー・スコットはそれについて真相を語ってくれましたか?

「リドリーに、僕の演じている役はレプリカントなのかどうか聞こうと思ったことがある。実際、彼に質問したんだ。でも確かな答えはなかった。それは問題ないと思っている。僕は、映画の観客たちがスクリーン上に自分たちと同じ人間、感情を理解できる誰かを見つけられることが大切だと思っている。でも後から考えてみると、リドリーはそれを重要だとは思っていなかった。その疑問を解き明かさないまま残すというストーリーの構造は素晴らしいと思う。みんながまだあの問題に対して好奇心を抱いているという状況はとても気に入っているよ」

――撮影現場はスクリーンで観るのと同じように濡れていたのですか?

「すべて本物で、すべてがちゃんと建設されていた。そう、だから全部濡れていたよ(笑)」

――ずっと雨が降っているのは、なぜなのでしょう?

「(笑)誰かが同じ質問をリドリーに聞いたことがあった。彼の答え? 『雨を降らせたかったからだよ』。だからそれが君への答えだ」

――これまでで、撮影現場での演技が一番難しかったのはどの作品ですか?

「『ブレードランナー』がおそらく一番大変な撮影だったと思う。50日連続で撮影したからね。それにいつも雨が降っていたし」

――『ブレードランナー』は私の最も好きな映画です。リドリー・スコット監督が続編を作ると語っていることについてどう思いますか? すでに完璧な作品ですが、それ以上のものをどうやって作るのでしょう?

「続編を作る可能性が実際にあるのなら、脚本にとても興味があるし、読んでみたいと思う。もしいい脚本だったら、ぜひもう一度リドリーと仕事をしたいと思う。とても才能があり、情熱に溢れた映画監督だからだ。それにもう一度あのキャラクターに戻るのも、とても興味深いことだ」

――『ブレードランナー』を撮影した時の小道具を何かもらいましたか?

「いや、何ももらっていない。僕は過去を懐かしむタイプではない。映画の撮影現場から何かをもらってくることはあまりないんだ。そういうものを家に置いておくこともない。僕にとって、映画は違う世界だから」

――この作品は1982年に公開されましたが、舞台は2019年であり、映画に出てくることも実現しています。あなた自身の生活に影響を及ぼしているものはありますか?

「ドラッグやパンクミュージック、ビデオのようなもの? 君はきっと興奮したんだろうね(笑)。でもそういうことを実際にやってみる時間はなかった。正直に言って、この手の映画に出演したのは運命のいたずらだった。僕はこういう大作SF映画のファンではない。これが面白い作品であるのは嬉しい。秀逸なストーリーと才能ある監督、そして僕がこれまでやった、みんなが知っている役とは違うキャラクターを演じるチャンス、これがそろった映画に僕は興味をかき立てられる」

――インディアナ・ジョーンズやハン・ソロは冒険に繰り出します。一方、リック・デッカードはストーリー全編を通してとても繊細で、機械に恋をするようなキャラクターです。

「僕はこれまでも繊細な人物をたくさん演じてきている。そういった映画はあまり成功していないから、君はデリケートな役を演じている僕を観たことがないんだ。自分の能力を宣伝するわけではないけれど、僕は今までも様々な異なるキャラクターを演じてきた。だからこの役が何か特別だという感じはしなかった。これまでとは真逆なキャラクターを演じるチャンスだとは思わなかった。インディアナ・ジョーンズにも繊細なところはある。彼らしいあり方でね。ハン・ソロにも同じことが言える。ハン・ソロなりの方法で彼のデリケートな部分を露わにしているんだ」

――今のあなたはオファーされる作品を選んでも、脚本から参加する作品を選んでも嫉妬されない立場です。

「ああ、でも僕は脚本が完成してからプロジェクトに加わるのが好きだ。完成している脚本に何かを付け加えられる、と思える方がいい。その反対ではなくてね」

――リドリー・スコット監督はこの作品で雨や霧を演出し、とても暗いセットを作りました。撮影時、演技しにくくなかったですか？ 常にあなたから水が滴っていますが、どんな感じでしたか？

「（笑）とても気持ちが悪かったよ」

――これまで一緒に仕事をした監督の中で、この作品のような雰囲気を全編を通して演出しようとした人は他にいましたか？

「多くの映画監督がそうだけれどリドリーの最大の強みはヴィジュアルセンスであり、目だ。ヴィジュアルに多くのエネルギーを注いでいると思うよ」

――リック・デッカードは逃亡したレプリカントたちを追跡する捜査官です。2019年に生きていますが、1940年代の映画に出てくる探偵と同じ目をしています。若い頃、そういった映画を観ましたか？ 古い映画に出てくる探偵たちの中に、役作りに生かしたキャラクターはいますか？

「ああ、家でハードボイルドな探偵たちが出てくる1940年代の映画を観た。彼らがどうやって歩くのか、とかね（笑）。ただ、あったのはそういう映画の記憶だけだ。誰か1人だけが突出して意味を持っていたわけではない。多くの人物を参考にしたし、誰かを真似したわけではないからね。あのキャラクターは僕の中にあったものであり、君の中にあったものだ。みんな、自分の経験や自分の見たものに基づいているんだ。僕が誰かを真似していたのではないことを望むよ」

――全編を通して、あなたが演じたキャラクターは彼のレプリカなのではないかと噂されています。

「レプリカント、だよ。培養された肉体だ。でもその噂は真実とはかけ離れているよ」

──外出しているとき、突然自分が演じたキャラクターを使ったグッズに遭遇したとき、どう思いますか？ 例えば『ブレードランナー』のマグやインディアナ・ジョーンズやハン・ソロの人形を見かけたときはどんな気分ですか？

「（笑）正直なところ、そういうものには何も感じない。そうしたグッズに思い入れはないからだ。でも時々マグとかグッズをくすねて来るんだ（笑）。いや、冗談だよ。そういうものを盗んでも、これはどうしようもないものだと言えば逮捕はされないから（笑）。冗談だけどね」

──ああいうグッズからお金は入るのですか？

「金の話はやめよう」

──『ブレードランナー』と『レイダース／失われたアーク《聖櫃》』のスタントをすべて自分で行ったというのは本当ですか？

「いや、違う。僕は自分でスタントをやったことがない。失敗した場合、ひどい結果に苦しむことになるからね。一度もない」

──この映画に出演しようと思った理由を教えてください。

「僕がこれまで出演してきた映画とも演じてきたキャラクターとも異なるからだ。とてもドラマティックで興味深い作品だと思った。とてもいいストーリーになると思った」

──リック・デッカードはフィクションのキャラクターですが、演じてみたい実在の人物はいますか？

「僕は実在の人物を演じることは避けているんだ。真似がうまいタイプだとは思わないからだ。僕は真似以外の方法を見つけて、そのキャラクターに近づいていく。だからみんながよく知っている人物を演じる重荷は負いたくない。一度ロバート・ケネディ役をオファーされたことがある。そういう、みんながよく知っている人物を演じないかと持ちかけられたことがあるんだ。でもそのチャレンジに受けて立つことはしなかった」

──あなたの才能は、常にごく自然にその役を演じているところにあると思います。あなたは何年もその役を定期的に演じているように、スクリーンに登場します。あなたを見ていると演じることが簡単なことのように見えます。もちろんそうでないことは分かっていますが、どうすればそのような演技ができるのですか？

「本当の仕事よりは簡単だよ。リサーチして信じきることで役になりきれたんだ。それに加えて僕は自分が求めているものについて考えている。フィクションとしてのキャラクターの話だよ。ストーリーを語る助けになるものから、キャラクターを作り出そうと試みている。だからストーリーそのものから力と権限をもらい、自分がやっていることがリアルに見えるかどうかを考える。なぜならストーリーを語っているのは僕だからだ。僕は見せつけたいとか他を圧倒する演技をしたいとかいう野心は持っていない。僕の野心はただストーリーを語ることだけだ。確信していることがあるとするなら、物語を語るのに便利な存在になる必要があるということだけだ」

──俳優になる前は大工だったと聞きました。演技は、大工やあなたがやっている他のことよりも簡単ですか？

「そういうものよりも演技が簡単か？ 僕は飛行機を操縦する。一番大変なのは学習することだ。飛行機を自由に操縦するには応用と反復、そしてある程度のスキルを要する。それらすべてを行なえる自由は、責任を通して得られる。スキルや知識、他の人の命を預かるのに必要な心構えを培っていく中で、そういう責任は生まれるんだ。おそらく演技も同じだろう」

──あなたには子供がいますよね。子育てと俳優業を両立するのはどのような感じですか？

「今も学習しているところだよ。子供を育てる能力はみんな本能として持っているけれど、経験と自分自身が成熟することが子育てをする上で大きな助けになる。父親業に集中できて嬉しいよ。常に気を配っていなくてはいけない小さな子供と一緒に過ごし、何かを学んでいく喜びを思い出すことは何ものにも代えがたい。子供たちはいつも何かを経験し学習している。子供たちがスポンジのように何かを吸収している、そのそばにいられることにとても胸が躍る」

──先ほど、飛行機の操縦の話をうかがいましたが、飛行機の操縦に魅力を感じる理由は何ですか？

「さっき自由と責任について話したけれど、そこが好きな部分なんだと思う。自由と責任が混ざり合っているんだ。それに空から見る世界が好きだ。どこから見るのか、どう見るのかを自分でコントロールできるのも好きだ。それを可能にしてくれるスキルも好きだ。グループで毎年行っている広い荒野が郊外にある。そこを飛び、滑走路とか道路とか、ちょっとした空き地に着陸するのも好きだ。双方向なんだ。飛行機を操縦するにはスキルを磨く必要があり、僕は学び続けるのが好きだ。それが、飛行機の操縦を楽しむ理由でもある」

──どんな飛行機を操縦するのですか？

「普段は小型のハスキーを操縦している。2座席の小さな飛行機だ。でも色々な種類の飛行機の操縦を楽しんでいるよ。設備も性格も違うからね」

──あなたのキャリアの目標を教えてください。

「僕の目標は常に役に立つ存在であることだ。演技が好きなのは、目的のために問題を解決する部分なんだ。何度も繰り返していくことで上達していく。そういうチャレンジングな部分が好きなんだ。僕が演技に興味を持つ理由、それは演技が挑戦だからだ」

『ブレードランナー』重要アイテム

『ブレードランナー』に登場した重要アイテムは、『ブレードランナー2049』にも登場する可能性が高い。
オリジナル作のアイテムとそのビハインドを確認しておこう。

ブレードランナー
Blade Runner

警察公認の対レプリカント捜査官の呼称。デッカードやガフの職業。『2049』の主人公Kの職業も同じだ。

原作小説にはこの呼称は登場しない。脚本のハンプトン・ファンチャーが、この職業の呼称を考えていた時に、ビート・ジェネレーションの作家ウィリアム・バロウズの小説「映画：ブレードランナー（Blade Runner a movie)」（79）を読んでリドリー・スコット監督に提案し、監督も気に入ってこの名称になった。この小説の基になったのが、SF作家アラン・E・ナースの小説「The Bladerunner」（74）だったので、バロウズとナースの双方に使用料を払って本作に使っている。小説の内容は本作とは関係がなく、2014年のニューヨークの非合法医療品〝ブレード〟の運び屋がブレードランナーと呼ばれている。

レプリカント
Replicant

人造人間の総称。『2049』の呼称も同じだが、より進化したタイプが登場する。

『ブレードランナー』での最新型のネクサス6型は、宇宙での活動のため製造されており、地球での活動は違法のため、ブレードランナーが地球に侵入した彼らを抹殺した。見た目は人間そっくりだが、寿命は4年に設定されている。ロイ・バッティらレプリカントは、寿命を延ばす方法を求めて地球に来て、創造主タイレルに接触する。

原作では人造人間は〝アンドロイド〟と表記されていたが、リドリー・スコット監督がこれがSFで使い古された用語であることを嫌い、脚本のハンプトン・ファンチャーに新たな呼称をリクエストした。ファンチャーは、当時、大学で微生物学と生化学を専攻していた娘から、レプリケーティング（クローンを作るための細胞複製）という語を聞き、そこから〝レプリカント〟という言葉を作った。

フォーワト=カンプフ検査
Voight-Kampff Testing

レプリカントと人間を識別するためのテスト。レプリカントは他者に感情移入する能力が人間より低いので、レプリカントに感情を刺激する質問をし、それに対する返事や呼吸や心拍数、目の動きの変化などを測定して判別する。テスト時の映像と音声は記録されており、『2049』にその記録が登場する。

このテストは原作にもあったもの。映画のこのテストの装置は、リドリー・スコット監督が描いたラフスケッチを基にシド・ミードがデザインした。監督はミードに、ハイテク機器にしたくないこと、相手を威嚇する感じでありつつデリケートなものでもあるデザインにすること、と指示した。

スピナー
Spinner

地上と空中の双方を移動できる自動車の総称。飛行時は、垂直に離着陸することが出来る。主に警察車両

シド・ミードがデザインしたスピナー

レプリカントのプリスが人形に扮してデッカードを待ちぶせしている

として使用されているが、富裕層にも使われている。『２０４９』にも登場する。

〝飛行する車〟というコンセプトは、リドリー・スコット監督の発想。彼はシド・ミードに、本作の未来社会のコンセプトを〝空を飛ぶ車を製造できるような社会〟と伝えた。ミードは、これまでのSF映画のようなプロペラや折り畳み式の翼を使わない、重航空機の飛行方式を提案し、これに沿ってデザインした。これは空気の流れによって生じる揚力により飛行する方式で、映画では下方に空気を噴射することで揚力を得て飛行する。

ブラスター
Blaster

この時代の銃器の総称。映画にも原作にも〝ブラスター〟という名称は登場しないが、日本初公開時の映画パンフレットにこの名称が書かれていたため、定着していったと言われている。

リドリー・スコット監督は、SF映画によくあるレーザー光線銃は使いたくないと考え、黒い分子破壊ビームを発射する〝ブラックホール・ガン〟という案を採用したが、ヴィジュアル的にうまくいかず用いられなかった。

デッカードが使う銃、通称〝デッカードブラスター〟は、ハードボイルドの私立探偵のイメージを踏まえて拳銃の形になった。映画では、オーストリア製のライフルを加工したものが使われている。

東洋的な広告
Asian Advertising

東洋の文字や東洋人が登場する広告が多数出てくるのは、リドリー・スコット監督の指示によるもの。監督は〝芸者が煙草を吸ったり、ドラッグを服用したりという非健康的なことをしている東洋的なコマーシャル〟を多数作るよう指示した。巨大な広告スクリーンに映し出される、女性が錠剤をのむワカモトの広告は、特殊効果監修のデヴィッド・ドライヤーが避妊用ピルの広告を想定して考案した。

人工動物
Artificial Animals

原作小説で描かれた世界は本物の動物がほとんど絶滅しており、人間そっくりのアンドロイドだけでなく、本物そっくりの人工動物も多数存在する。これを踏まえて、スコット監督も脚本家ハンプトン・ファンチャーも、人工動物を映画にも登場させたいと考えた。ゾーラが舞台で使う蛇が人工動物なのはそのため。また、タイレル社にいるフクロウも、人工動物だと考えられている。

写真
Photographs

レプリカントたちは写真を大事にしている。デッカードは、レプリカントのレオンのホテルの引き出しの中に、何枚かの写真があるのを見つける。また、レイチェルは、デッカードに自分がレプリカントではないことを証明しようと、彼に写真を見せる。彼らは写真を自分の記憶であるかのように大切そうに取り扱うのである。

ユニコーン
Unicorn

最初の劇場公開版から、デッカードの同僚ガフが最後にデッカードに残す折り紙は、ユニコーンの形をしていたが、この形に特別な意味は感じられなかった。しかし、ディレクターズ・カット版には、デッカードがユニコーンの夢を見るシーンが付け加えられ、新たな意味が加わる。その詳細は44頁のリドリー・スコット・インタヴューを参照。

シティスピーク
Cityspeak

デッカードの同僚ガフの話す言葉のこと。ガフが現実には存在しない未来的な奇妙な訛りで話すというアイディアは、スコット監督や脚本のデヴィッド・ピープルズらによるもの。だが、実際の言葉は、ガフ役のエドワード・ジェームズ・オルモスが作った。オルモスは、スペイン語、フランス語、中国語、ドイツ語、ハンガリー語、日本語などを混ぜて独自の言語を作ろうと考え、ロサンゼルスの語学専門学校に行って、ガフのセリフの断片を多数の外国語に置き換えて、独自の言葉を作った。

『ブレードランナー』トリビア集

デッカードはレプリカントなのか？　『ブレードランナー2049』ではその謎が解明されるかもしれない

デッカード＝レプリカント説

ハリソン・フォード演じる主人公デッカードはレプリカントだ、という説がある。

これは、スコット監督が後に『ディレクターズ・カット』にユニコーンのシーンを加えた時に、そう発言したもの。監督曰く、ユニコーンはデッカードの見る夢で、映画の最後にガフがユニコーンの折り紙を残すのは、彼がデッカードに自分は彼の夢の内容を知っている＝彼がレプリカントだと知っている、ということを示すためだったというのだ（監督インタヴュー44頁参照）。

一方、この役を演じたフォードは、撮影に入る前に、監督とデッカードはレプリカントではないという点で同意したと思っていた、と発言している。またフォードは、デッカードがレプリカントだとすると、観客は心を通わせる対象がいなくなってしまうので、正しくないと思うとも言っている。

脚本が数え切れないほど書き直されたため、ハンプトン・ファンチャーの脚本では、デッカードをレプリカントとして描いたヴァージョンもあったという。

そして編集のテリー・ローリングスの発言によれば、彼と監督は本編の編集中に、デッカードがレプリカントであることを暗示するシーンを作りたいと考え、レイチェルがデッカードの部屋に来たシーンで、彼女の背後にピントをぼかしたデッカードがいて、彼の目が赤くなる場面を入れたという。ただしローリングスは、監督もデッカードがレプリカントだと明示しようとしたのではなく、そうかもしれないとほのめかして、結論は観客に任せようと考えていたとも発言している。

『ブレードランナー２０４９』のドゥニ・ヴィルヌーヴ監督もこれについて発言。オリジナル作にあるこの謎については充分に意識している、自分は謎が好きだと語っている。

レプリカントは6人のはずだった

映画には、ブライアント警部がデッカードに6人のレプリカントが逃げていると告げる場面がある。その後、1人がタイレル社に押し入ろうとして回収されたことが語られて、残るのは6人になる。しかし、映画に登場するのは、ロイ、プリス、レオン、ゾーラの4人のみ。ここからもデッカードが6人目のレプリカントだという説が生まれた。

しかし、真相は別。何度も書き直しされたハンプトンの脚本のほとんどには、6人目のレプリカントが登場していた。名前はメアリー。キャラクターは、TVドラマ「パパはなんでも知っている」のようなアメリカン・ドリームを体現した母親のよう、と設定されており、『ゲット・クレイジー』(83)の女優スティシー・ネルキンが演じる予定だった。しかし、予算削減のために撮影初期にこの役はなくなり、セリフのみが残ってしまったのだった。

「ヘヴィ・メタル」誌

リドリー・スコット監督が本作のヴィジュアル面で意識したのは、フランスのコミック雑誌「ヘヴィ・メタル」。フランス語の誌名は「メタル・ユルラン（Métal Hurlant）」。監督はフランス語版でこの雑誌を知り、このコミック誌のヴィジュアルの雰囲気を参考にした。中でも、この雑誌に描いていたフランスのコミック作家メビウスの作品を気に入り、彼を本作に参加させる。

また『ブレードランナー2049』のドゥニ・ヴィルヌーヴ監督は、カナダのフランス語圏で生まれ育ったので、小さい頃からこのコミック誌を読んでいた。監督の弟マルタン・ヴィルヌーヴが監督した『Mars et Avril』（12）には、同誌のコミック作家である『闇の国々』のフランソワ・スクイテンがプロダクション・デザインで参加している。

ピクトリアル・リファレンシング

映画のヴィジュアルを作るために使った方法を、監督自身がこう呼んだ。監督は脚本とは別に、自分がこの映画にピッタリだと思うイラストや絵画などの資料を集め、それを使ってスタッフたちとこの映画のヴィジュアル面の世界観を共有した。

監督が集めたのは、「ヘヴィ・メタル」誌、アメリカの画家エドワード・ホッパーの1942年の絵画「ナイトホークス」、1930年代の写真、18世紀イギリスの風刺画家ウィリアム・ホガースの版画などだった。

フィルムノワール

1940年代から50年代にアメリカで製作された暗い雰囲気の犯罪映画のこと。脚本の執筆中、監督は本作をフィルムノワールのような探偵サスペンスだと考えていた。そのため、それらの映画によくあるように、主人公の私立探偵が心情をナレーションで語るという手法を使うことを検討したこともある。

また、撮影監督のジョーダン・クローネンウェスは、ヴィジュアル面にもフィルムノワールの影響があると発言。デッカードの部屋で彼がレイチェルにキスしようとするシーンで、デッカードの顔にブラインドによってできた影が水平に当たるシーンがあるが、これは監督によるフィルムノワールの表現主義へのオマージュだと語っている（59頁参照）。

リドリー・スコットの好きなSF映画

スコット監督は1981年のインタヴューで、自分の好きなSF映画は『地球の静止する日』と『スター・ウォーズ』だけだと語っていたが、2015年のウェブサイトWIREDのインタヴューでは、下記のような彼の歴代SF映画トップ5を挙げている。5作中に自身の監督作が2作入っている。

第1位『2001年宇宙の旅』（68）
第2位『スター・ウォーズ』（77）
第3位『エイリアン』（79）
第4位『ブレードランナー』（82）
第5位『渚にて』（59）

『シャイニング』

スタンリー・キューブリック監督、ジャック・ニコルソン主演の80年製作のサスペンス映画。この映画の使われなかったフッテージが『ブレードランナー』に使われている。

それは、ラストのデッカードとレイチェルの逃亡シーンの山並みを空撮した映像だ。本作のアソシエイト・プロデューサーのアイヴァー・パウエルが『2001年宇宙の旅』でキューブリックと仕事をしており、『シャイニング』のオープニングのフィルムが使えないかを打診し、『シャイニング』で使用した部分以外なら使用してよいと許可された。送られてきた没フィルムは3万フィートもあり、スタッフはどの部分を選ぶかに苦労したという。

『シャイニング』その2

『シャイニング』から本作に導入されたものは、もう1つある。それはタイレル社の社長エルドン・タイレルを演じるジョー・ターケル。彼は『シャイニング』でホテルのバーテンダーの役を演じており、それを観た監督が、彼の風貌を気に入ってこの役にキャスティングした。

『ワン・フロム・ザ・ハート』

フランシス・フォード・コッポラ監督、フレデリック・フォレスト主演の82年製作の映画。ラスヴェガスを舞台にしたラヴ・ロマンスで、コッポラのスタジオにラスヴェガスの街の原寸大セットを作って撮影された。このセットで使われたネオンが『ブレードランナー』に流用されている。

『ブレードランナー』も街のセットを設営し多数のネオンを使うため、多数の企業にタイアップを申し出て製作費を出してもらった。が、それでも足りず、全体の3分の1のネオンは同作で使われたネオンを使っている。

『未知との遭遇』

『ブレードランナー』の撮影では多数のミニチュアが作られた。その中の、デッカードとガフがスピナーで着陸していく場面の警察本部ビルの屋根は、特殊効果のマーク・ステットソンが『未知との遭遇』のために作ったもの。『未知との遭遇』で主人公がマザーシップの中に入った時の皿のような形の天井が、ビルの屋根として使われた。

『スター・ウォーズ』

デッカードとガフが夜のロサンゼルス上空をスピナーで飛行するシーンでは、街のミニチュアに『スター・ウォーズ』のミレニアム・ファルコンが使われている。これは特殊効果のスタッフが趣味で作っていた模型で、高さが1・5メートルほどあった。スピナーが着陸する直前のシーンで、左上に青いパンナムのネオンが見えるが、その前景の中央にある、先の尖ったビルがミレニアム・ファルコンだ。

スピナーが夜のロサンゼルス上空を飛行するシーン

『ブレードランナー』舞台裏エピソード集

他の監督候補たち

プロデューサーたちは、この映画に新鮮な監督を起用したいと考え、さまざまな監督を候補に検討し、リドリー・スコット以外に『危険な情事』(87)のエイドリアン・ライン、『愛は霧のかなたに』(88)のマイケル・アプテッドの名が挙がっていた。脚本のハンプトン・ファンチャーは『英雄モラント／傷だらけの戦士』(80)を観てブルース・ベレスフォードが気に入っていたと言う。

また、ファンチャーは『愛の断層』(78)が気に入ってロバート・マリガン監督に脚本を送り、マリガンは79年に監督を引き受けるが、製作陣と当時のスタジオとの意見が合わず、マリガン監督は同年内に降板した。

「デューン　砂の惑星」

リドリー・スコットが『ブレードランナー』の監督をオファーされた時、彼には別の作品の監督予定があった。フランク・ハーバートの名作SF小説「デューン　砂の惑星」の映画化だった。この映画のプロデューサー、ディノ・デ・ラウレンティスに監督をオファーされていた。しかもスコット監督は『エイリアン』を撮ったばかりだったので、SF作品が続きすぎると考えて、一度、『ブレードランナー』の監督を断っている。

スコット監督の兄の死

リドリー・スコット監督は『デューン　砂の惑星』を急遽降板する。その理由は、彼の兄の死。監督はこの死の衝撃から立ち直るため、すぐに何かを撮影したいと思ったという。だが『デューン　砂の惑星』は大作で撮影に入るまでに2年半はかかると考えた彼は監督を降板。『デューン　砂の惑星』はデヴィッド・リンチが監督することになる。

そして『ブレードランナー』の新しい脚本を読み、この作品ならすぐに取りかかれるだろうと考えて監督を引き受けたと言う。しかし実際は、この作品も撮影に入るまでに1年もかかってしまった。

ハンプトン・ファンチャーの脚本

本作の最初の脚本はハンプトン・ファンチャーが書いた。彼は『ブレードランナー2049』の原案と、脚本家の1人にクレジットされている（もう1人は『ローガン』のマイケル・グリーン）。

ファンチャーはもともと脚本家ではなく映画製作者で、本作の原作『アンドロイドは電気羊の夢を見るか？』の映画化権を入手しようとしてできなかった。その数年後、彼の勧めで友人ブライアン・ケリーが映画化権を取得し、彼も製作者の一員に加わった。そしてケリーに頼まれて、ファンチャーが脚本を書くことになった。しかしその後、監督が決まると、何度もリライトすることになる。

ファンチャーの脚本では、レイチェルがデッカードよりも倫理的だった。また、ラストはデッカードが本物の雪を見せるためにレイチェルを郊外に連れ出し、彼女を銃で撃つ。そして、デッカードが車を運転する映像に、ナレーションで「人間であるということは選択ができるということであり、レイチェルは自殺を選択した」と語るものだった。

全体に、ファンチャーの脚本は叙情的でロマンチックなドラマだったが、スコット監督は本作を探偵サスペンスだと考えて、脚本に謎解きの要素を希望したと言われている。

デヴィッド・ピープルズの脚本

ハンプトン・ファンチャーの脚本に監督が納得せず、監督と製作のマイケル・ディーリーは脚本家デヴィッド・ピープルズにリライトを依頼する。彼は原作を読まないように言われ、ファンチャーの脚本を基にリライトしたが、撮影開始まで2ヵ月しかなかった。デッカードがトレンチコートで街を歩くという登場シーンは彼が書いたもの。デッカードがレオンのホテルで人工蛇の鱗を見つける場面は、ピープルズが監督の希望で入れたもの。他にも多数のシーンを書いたが、ほとんど本編には残っていない。彼の脚本には、レオンの部屋でもう1人のレプリカント、ロジャーが捕まる場面、デッカードがガフにフォークト・カンプフ検査を受けさせる場面、レイチェルを浜辺に連れていく場面なども書かれた。

　ハンプトン・ファンチャーは当初はピープルズのリライトを知らされておらず、それを知って腹を立てたが、ピープルズの脚本を読んで気に入り、脚本を降板した。

もうひとつの脚本

　スコット監督とプロデューサーたちは、ハンプトンとピープルズの脚本を自分たちが望む形に再構成して、もうひとつの脚本を作った。この脚本にはピープルズの名前が記されていたが、彼は自分が書いたものではないので驚いた。映画はこの脚本に基づいて撮影された。

ロイ・バッティの最後のセリフ

「人間には信じられないようなものを私は見てきた。オリオン座近くの燃える攻撃用宇宙船、タンホイザーゲートの近く、暗闇に輝くCビーム〜」から続くロイ・バッティの死に際のセリフは、本作中でも有名なもの。このセリフには、ロイを演じたルトガー・ハウアーの即興が反映されている。台本のセリフはかなり長かったが、彼は撮影前夜に監督にもっと短くすることを提案。オープニングを削り、最後の部分「思い出もやがて消える。時が来れば、雨に消える涙のように。死ぬ時が来た」の部分は彼が即興で作った。

ダスティン・ホフマンの参加

　1980年、『真夜中のカーボーイ』『レニー・ブルース』などで知られる人気俳優ダスティン・ホフマンが本作に興味を持った。監督と製作のマイケル・ディーリーがホフマンに会った時、彼は脚本を読んでいてそれについて6時間も話したという。ホフマンの出演を前提に脚本のリライトも進められ、デッカードは利己的な男として描かれた。が、彼は2ヵ月間ほど脚本の変更に関わった後に降板する。その理由は不明だが、監督は後に、おそらくギャラの問題といった単純なことだったのではないかと発言している。

ハリソン・フォードの参加

　ハリソン・フォードの出演が決まった1980年、彼は『レイダース／失われたアーク《聖櫃》』をロンドンで撮影中で、スティーヴン・スピルバーグが彼は大スターになると発言したという噂が流れていた。スコット監督とマイケル・ディーリーはロンドンで『レイダース〜』のラッシュを観て、ハリソン・フォード自身と話をして、デッカード役を決めた。監督は『レイダース〜』でハリソン・フォードが帽子をかぶっているのを観て、それまでデッカードにもフィルムノワールの私立探偵のような帽子をかぶらせようと思っていたが、似てしまうのでその案を断念。デッカードをクルーカットにすることに決めた。

監督とハリソン・フォードの不仲

　映画公開からかなり経った1992年のインタヴューで、ハリソン・フォードは撮影中、監督とうまくいってなかったと語った。その理由は語られていないが、マイケル・ディーリーは、当時のスコット監督は他にやらなければならないことが多くて俳優とあまり交流がなく、一方、フォードは俳優と交流しない監督と仕事をするのが初めてだったので、2人の間に行き違いが生じたのではないかと推測している。

Tシャツ戦争

　撮影中、完璧主義のスコット監督は、スタッフに何度もやり直しを求めた。一方、スタッフの中には彼のやり方に納得しない人々もいた。さらに撮影完了までの時間は決められていたので、両者の疲労とストレスがたまり、緊張が高まっていった。そこで起きたのが「Tシャツ戦争」だ。スタッフたちは監督への不満を表明するため、胸に『Yes Guv'nor, My Ass!〝はい、かしこまりました、チクショウ!〟』とプリントしたTシャツを着た。これは監督が英国の新聞に「イギリスのスタッフは〝はい、かしこまりました〟と言って仕事をしてくれる」と言ったのを踏まえて、メイクアップ・スーパーヴァイザーのマーヴィン・ウェストモアが作ったもの。すると、スタッフたちがそれを着たという。

　監督はそのTシャツを見て笑い、それから1時間くらい経ってから、マイケル・ディーリーらと一緒に自分たちの作ったTシャツを着て登場する。その胸には『Xenophobia Sucks（外国人恐怖症、ムカつく）』とあった。ジョークTシャツの応酬により、両者はストレスを解消でき、スタッフは誰も辞めず、クビにもならなかった。

ロイ・バッティの死に際のセリフは、ルトガー・ハウアーの即興が反映されている

『ブレードランナー』のキーパーソンたち

フィリップ・K・ディック
（1928-1982）

本作の原作『アンドロイドは電気羊の夢を見るか？』を書いたアメリカのSF作家。映画化された作品は多く、『トータル・リコール』(90)、『マイノリティ・リポート』(02)、『ペイチェック 消された記憶』(03)、『スキャナー・ダークリー』(06)、『アジャストメント』(11)などがある。

ディックは当初、この小説の映画化に乗り気ではなかった。また、映画公開に合わせてノヴェライズを依頼された際、原作の一部に削除依頼などがあり執筆を断ったこともあり、映画に好意的ではなかった。

が、公開前の81年に態度が一変する。この年、監督が本作の特殊効果撮影後に行った20分間の内輪の試写にディックを招いたのだ。試写室でディックは20分間、無言で試写を観て、明かりがつくともう一度回してくれと要求し、再度観た。そして、今観た映像は自分が執筆時に思い浮かべていた通りの光景だと感激して語り、その後はこの映画の支援者となった。しかし、彼は82年3月2日に脳梗塞で急逝し、その4ヵ月後に公開された『ブレードランナー』を観ることができなかった。

ハンプトン・ファンチャー
（1938-）

ロサンゼルス生まれの俳優、脚本家。『ブレードランナー』の脚本家、エクゼクティヴ・プロデューサーで、『ブレードランナー2049』の原案、脚本に参加している。

彼は『ブレードランナー』に関わる以前、60年代から70年代にかけて『二十歳の火遊び』(61)、『恋愛専科』(6)、『あの空に太陽が』(75)などで俳優として活躍した。

75年に珍しく1万ドル持っていたので何かの映画化権を手に入れようと考えて、『アンドロイドは電気羊の夢を見るか？』の映画化権を交渉するため、原作者ディックに会い、断られる。その2年後、プロデューサー志願の友人、俳優のブライアン・ケリーが映画化する作品を探していた時にこの原作を推薦。ケリーが映画化権を手に入れたことから、本作に参加。ケリーの希望で脚本を書くことになり、何度も脚本をリライトして苦労した。

99年にはオーウェン・ウィルソン主演の『クアドロフォニア 多重人格殺人』で初監督に挑戦し、脚本も執筆している。

デヴィッド・ピープルズ
（1940-）

コネチカット州出身の脚本家。『ブレードランナー』の脚本は、ファンチャーと彼の名前がクレジットされている。ファンチャーの脚本に不満だった監督とプロデューサーのマイケル・ディーリーが、脚本のリライトを依頼した。『ブレードランナー』以前は無名だったが、リドリー・スコットの弟トニー・スコット監督と仕事をしており、トニーがリドリーに彼を推薦したのだ。そして彼も、度重なる脚本のリライトに苦労する。

『ブレードランナー』以降も脚本家として活動し、『許されざる者』(92)でアカデミー賞脚本賞にノミネート。他にも『12モンキーズ』(95)、『ソルジャー』(98)などの脚本を執筆。また、『サルート・オブ・ザ・ジャガー』(89)では監督に挑戦し、脚本も書いている。

デッカードがゾーラを追うシーンはワーナー・ブラザース映画のスタジオにセットが組まれた。セットにはシド・ミードがデザインしたさまざまな物が置かれている

アラン・ラッドJr.
（1937-）

アメリカの映画プロデューサー。SF映画に理解があり、彼が20世紀フォックスの重役だった時に『スター・ウォーズ』(77)と『エイリアン』(79)にゴーサインを出した人物だ。

彼は『ブレードランナー』が資金難で頓挫しそうになった時に救いの手を差し伸べた人物の1人。彼は出資の理由を、リドリー・スコットと『エイリアン』の時に良い関係を結んでいたので、新作でもいい仕事をすると確信していたからだと語っている。

1981年、本作の撮影開始直前、製作会社フィルムウェイズ・ピクチャーズが投資を引き上げた。そのため、マイケル・ディーリーは急いで13社以上の会社に接触し、最終的に3社を見つける。それがアラン・ラッドJr.のラッド・カンパニー、香港のショウ・ブラザース、TV関係の仕事をしていたタンデム・プロダクションだった。

バッド・ヨーキン
（1926-2015）

アメリカの映画プロデューサー。クレジットされていないが『ブレードランナー』の製作者の1人。彼はフィルムウェイズ・ピクチャーズが『ブレードランナー』から資金を引き上げた時、代わりに出資した3社中の一社、タンデム・プロダクションの経営陣の1人だった。

『ブレードランナー2049』が製作されたのは、彼と妻で女優のシンシア・サイクス・ヨーキンが、アルコン・エンターテインメントに企画を持ち込んだのが発端だった。ヨーキンは映画の完成前に死去するが、妻が引き継ぎ『ブレードランナー2049』にプロデューサーとして参加している。

マイケル・ディーリー
（1932-）

英国出身の映画プロデューサー。『ブレードランナー』のプロデューサーの1人。20代で映画製作を始め、本作以前も『ミニミニ大作戦』(69)、『ウィッカーマン』(73)、『地球に落ちて来た男』(76)、『コンボイ』(78)、『ディア・ハンター』(78)

に参加した。

フィリップ・K・ディックの原作の映画化権を手に入れたブライアン・ケリーが、一緒に仕事をしたことのあるマイケル・ディーリーに企画を持ち込み、ディーリーは以降、完成まで本作に携わった。

シド・ミード
（1933-）

アメリカの工業デザイナー。SF小説のファンで、高校時代にロバート・A・ハインラインに会いに行ったこともある。『ブレードランナー』にはデザイナーとして参加。本作以前にも『スター・トレック』の宇宙艦U.S.S.ヴォイジャーのコンセプトアートに参加。『トロン』（82）、『エイリアン2』（86）、『クライシス2050』（90）、『JM』（95）などのデザインにも参加している。

スコット監督が79年に刊行された彼の初作品集「センチネル」を見て気に入り、最初はカーデザインのために雇われたが、広く美術全般を任されることになり、小道具、道路、建物などもデザインした。スタッフにイメージを伝えるため25センチX37・5センチのテンペラ画を多数描いた。

メビウス
（1938-2012）

フランスのコミック作家。別名ジャン・ジローでも作品を発表している。メビウスが参加した映画は多く『トロン』（82）、『マスターズ／超空の覇者』（87）、『ウィロー』（88）、『アビス』（89）、『フィフス・エレメント』（97）などのデザインを手がけている。

スコット監督の『エイリアン』（79）では宇宙服をデザイン。監督は『ブレードランナー』への参加を希望したが、彼はアニメーション『時の支配者』（82）の原画・脚本に取りかかっていたため、衣裳デザインのみ手がけた。

スコット監督は、彼が作品を描いていたコミック誌「ヘヴィ・メタル」をこの映画の参考にしており、中でも最高のアーティストはメビウスだと発言している。彼は、脚本執筆中のパンプトン・ファンチャーにメビウスのコミック「ロング・トゥモロー」を読むことを勧め、ファンチャーはこの作品に影響を受けて、脚本を書いた。

ダグラス・トランブル
（1942-）

アメリカの特殊効果映像のパイオニアで、映画監督。本作以前も『2001年宇宙の旅』（68）、『未知との遭遇』（77）、『スター・トレック』（79）などの大作で特撮を担当。監督として『サイレント・ランニング』（72）、『ブレインストーム』（83）を撮っている。

トランブルは『ブレードランナー』の特殊撮影効果スーパーヴァイザーとして参加し、彼が当時作ったばかりの会社EEG（エンターテインメント・エフェクツ・グループ）が特殊撮影を手がけた。彼は本作への参加理由を、これまで参加してきたような宇宙船が出てきて、アクションが展開するような単純な特殊効果映画にうんざりしていたからであり、この映画の基本的なコンセプトが気に入ったからだと発言している。

マーク・ステットソン
（1952-）

アメリカの特殊効果マン。2001年の『ロード・オブ・ザ・リング』でアカデミー賞視覚効果賞を受賞。他に『スター・トレック』（79）、『ブレインストーム』（83）、『ライトスタッフ』（83）、『ゴーストバスターズ』（84）、『ダイ・ハード』（88）、『シザーハンズ』（90）、『バットマン リターンズ』（92）、『フィフス・エレメント』（97）などに参加している。

『ブレードランナー』にはダグラス・トランブルのEEG社の一員として参加。チーフ・モデルメイカーとなり、タイレル社をはじめ、ビル街の模型を手がけた。

ヴァンゲリス
（1943-）

ギリシャ生まれのミュージシャン。バンド、アフロディテス・チャイルドとしても活躍。『炎のランナー』（81）でアカデミー賞作曲賞を受賞している。映画音楽は『ミッシング』（82）、『バウンティ／愛と反乱の航海』（84）、『赤い航路』（92）、『アレキサンダー』（04）などを手がけている。

『ブレードランナー』の音楽を担当。1人ですべての音を録音して重ねていくヴァンゲリスの曲作りは時間がかかり、リドリー・スコットは本作の編集中、たびたび彼のスタジオを訪れ、製作状況を伝えたという。後にスコット監督とは『1492・コロンブス』（92）でも組んでいる。

テリー・ローリングス
（1933-）

英国の編集技師、音響編集技師。『炎のランナー』（81）でアカデミー賞編集賞にノミネート。05年にアメリカ映画編集者協会の生涯功労賞を受賞している。他に『愛のイエントル』（83）、『F／X引き裂かれたトリック』（86）、『エイリアン3』（92）、『007 ゴールデンアイ』（95）、『エントラップメント』（99）、『オペラ座の怪人』（04）などを編集。

『ブレードランナー』の編集を担当。スコット監督とのつきあいは長く、『デュエリスト／決闘者』（77）の音響編集を担当、『エイリアン』（79）、本作、『レジェンド／光と闇の伝説』（85）の編集を担当している。

厳選100本
『ブレラン』ファンにオススメの未来都市映画

監修＝中子真治／文＝神武団四郎

1926
『メトロポリス』
METROPOLIS

1926年ドイツ映画／監督＝フリッツ・ラング／出演＝アルフレート・アーベル、ブリギッテ・ヘルム、グスタフ・フレーリッヒ、フリッツ・ラスプ、ルドルフ・クライン＝ロッゲ

フリッツ・ラングがドイツ時代に監督したSF大作。ラングがアメリカ映画界視察の際に目にした、摩天楼が建ち並ぶニューヨークの光景をヒントに原案が書きあげられた。地上で暮らす富裕層と、地下の工場で働く労働者からなる未来都市メトロポリス。街の支配者ジョーの息子フレーダーは、人々に平等を説く労働階級の娘マリアと恋に落ちる。そうとは知らないジョーは、マリアの容姿をコピーした人造人間を使って労働者を混乱させようとする。独裁政治、格差社会、スパイやアンドロイドの暗躍などディストピアテーマの要素を満載。広告に彩られた巨大なビルが乱立し、高架橋の間を小型飛行機が飛び交うメトロポリスの映像は、後続作に多大な影響を及ぼした。

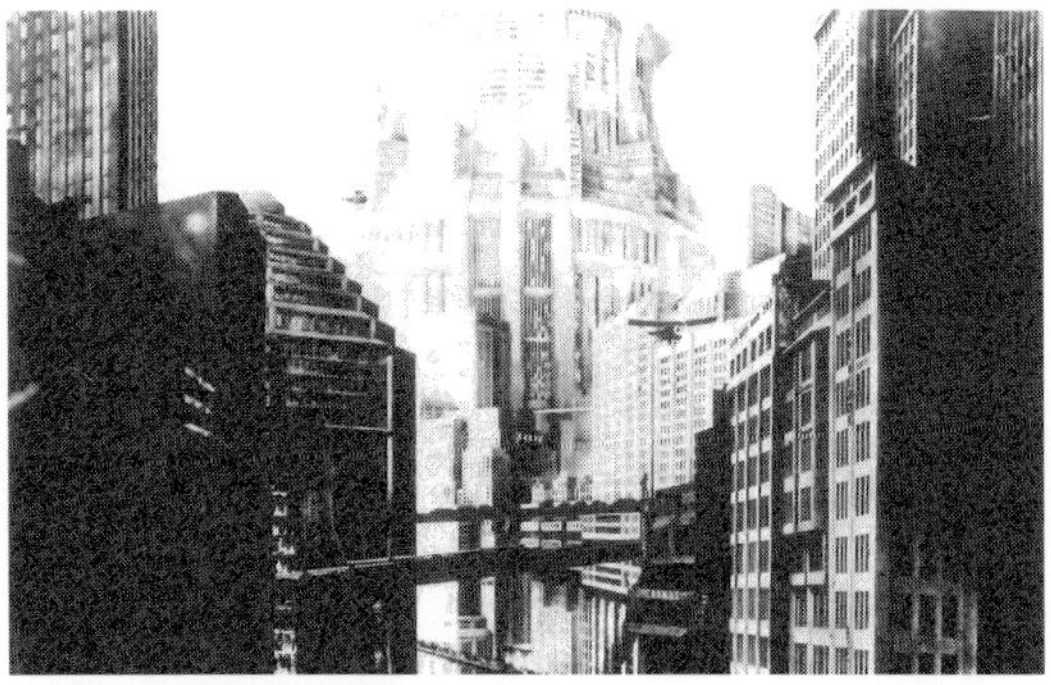

写真協力：公益財団法人川喜多記念映画文化財団

1929
『妖花アルラウネ』（日本未公開）
ALRAUNE

1929年ドイツ映画／監督＝ヘンリック・ガレーン／原作＝ハンス・ハインツ・エーヴェルス／出演＝ブリギッテ・ヘルム、パウル・ヴェゲナー、イワン・ペトロヴィッチ、ゲオルク・ヨーン、ヴァレスカ・ゲルト、ジョン・ローダー、ウォルフガング・ツィルツァー

人造人間を題材にした『妖花アルラウネ』(27)の音声版リメイク。遺伝子学者が、死刑囚の体液を娼婦の卵子に受精して生まれたアルラウネは、心を持たない冷酷な〝魔物〟だった。今作では、出生の秘密を知ったアルラウネが、自ら命を絶つ悲劇的な幕切れが特徴的。アルラウネ役は前作と同じく『メトロポリス』でマリアを演じたB・ヘルム。

『一九四〇年』
HIGH TREASON

1929年イギリス映画／監督＝モーリス・エルヴィ／原作＝ノエル・ペンバートン・ビリング／出演＝ベニタ・ヒューム、バジル・ギル、ハンバーストン・ライト、ジェームソン・トーマス、ミルトン・ロスメル、ヘンリー・ヴィバード、レイモンド・マッシー、レネ・レイ

アメリカを中心にした大西洋連合とヨーロッパ連合の二大勢力に分かれた近未来。両者の緊張が高まる中、反戦派のグループは和平の道を模索する。高層ビルが建ち並び、小型機が屋上のポートから垂直飛行で離発着する十数年後の都市がSFXで描かれる。

1930
『五十年後の世界』
JUST IMAGINE

1930年アメリカ映画／監督＝デヴィッド・バトラー／出演＝エル・ブレンデル、モーリン・オサリヴァン、ジョン・ギャリック、マージョリー・ホワイト、フランク・アルバートソン

ゴルフ中に落雷で倒れた男が目覚めたのは、光り輝く摩天楼を流線型の飛行マシンが行き交う50年後のニューヨーク。この時代、人々の名前はコードナンバー、婚姻は政府によって管理され、赤ん坊は街角で販売されていた。ミュージカル仕立てのSFドラマ。大がかりなミニチュアワークやスクリーンプロセスで描かれた未来世界が楽しい。

1935
『五百年後の世界』
THE PHANTOM EMPIRE

1935年アメリカ映画／監督＝オットー・ブローワー／出演＝ジーン・オートリー、フランキー・ダロ、スマイリー・バーネット

連続活劇『THE PHANTOM EMPIRE』の再編集版。カウボーイの青年たちが、鉱山の地下に広がる独裁国家で世界征服を企む地底人に挑む。きらびやかな地底都市やロボット、熱戦銃、長距離エレベーター、テレビ電話からロケットまで多彩なギミックが登場する。

写真協力：公益財団法人川喜多記念映画文化財団

1936
『モダン・タイムス』
MODERN TIMES

1936年アメリカ映画／監督＝チャールズ・チャップリン／出演＝チャールズ・チャップリン、ポーレット・ゴダード、チェスター・コンクリン、ヘンリー・バーグマン

チャップリンの風刺コメディ。巨大な工場で機械のように働き続けた男は、心身共に疲弊しきって病院にかつぎ込まれるが……。巨大な工作機械がずらりと並んだ工場内は、各所にビデオ電話が設置され社長が監視。自動食事マシンなど、オートメーションネタでも笑わせる。

『来るべき世界』
THINGS TO COME

1936年イギリス映画／監督＝ウィリアム・キャメロン・メンジース／原作＝H・G・ウェルズ／特撮＝ネッド・マン、エドワード・コーエン／出演＝レイモンド・マッセイ、セドリック・ハードウィック、マーガレッタ・スコット、ラルフ・リチャードソン、アン・トッド

ウェルズが自身の長編を脚色。ロンドンを思わせる都市エヴリタウンの約100年にわたる年代記が描かれる。20年も続いた大戦で焦土と化したエヴリタウンを独裁者が統治。彼から市民を解放したのは科学都市バラスの人々だった。やがてエヴリタウンは科学都市として発展する。科学啓蒙映画だが、戦場や廃墟と化した市街地、地底に建造された未来都市など、ミニチュアとマット画による大がかりなSFX映像が見どころ。

1939
『原子未来戦』
BUCK ROGERS

1939年アメリカ映画／監督＝フォード・ビーブ、ソウル・A・グッドカインド／出演＝ラリー・バスター・クラブ、コンスタンス・ムーア、C・モンターギュ・ショウ、ジャッキー・モラン、アンソニー・ワード、ヘンリー・ブランドン

ヒーローコミック「バック・ロジャース」を映画化した連続活劇の再編集版。航空事故により雪山で仮死状態のまま500年間眠り続けたロジャースは、未来世界で目を覚まし邪悪な独裁者キラー・ケーンに戦いを挑む。高層ビルが建ち並ぶ地底の秘密都市や未来の鉄道、転送機、重力ベルトなど多彩なギミックが登場。

1956
『1984』
NINETEEN EIGHTY-FOUR

1956年イギリス映画／監督＝マイケル・アンダーソン／原作＝ジョージ・オーウェル／出演＝エドモンド・オブライエン、ドナルド・プレザンス、マイケル・レッドグレーヴ、ジャン・スターリング、デヴィッド・コソフ、マーヴィン・ジョーンズ

オーウェルの代表作を映画化。絶対君主ビッグ・ブラザーを頂点としたオセアニアでは、国民は国家の厳しい管理下で暮らしていた。社会に不信感を持ったウィンストンと恋人ジュリアは、やがて思想警察に追い詰められる。洗脳に屈しなかったウィンストンらが射殺されるラストは、映画のオリジナル。

1960
『宇宙のデッドライン』
BEYOND THE TIME BARRIER

1960年アメリカ映画／監督＝エドガー・G・ウルマー／出演＝ロバート・クラーク、ダーレン・トンプキンス、アリアンヌ・アーデン、ウラジミール・ソコロフ、スティーヴン・ベカシー、ニール・フレッチャー、ジャック・ハーマン

未来世界に迷い込んだ男を描いたタイムスリップもの。テスト飛行で音のバリアを超えたジェット機は、核戦争により疫病が蔓延する2024年の地球に迷い込んでしまう。人々が暮らす地下都市のデザイン、ミュータントと化した未来人、後の『猿の惑星』（68）を思わせる展開など低予算ながら光る1本。

1965
『アルファヴィル』
ALPHAVILLE

1965年フランス・イタリア合作映画／監督＝ジャン＝リュック・ゴダール／出演＝エディ・コンスタンティーヌ、アンナ・カリーナ、エイキム・タミロフ、ハワード・ヴァーノン、ラズロ・サボ、クリスタ・ラング

フィルムノワールとディストピアテーマを組み合わせた『ブレードランナー』の先駆け的SFスリラー。1984年、地球を離れアルファヴィルを訪れた1人の新聞記者。彼の正体は、地球人科学者フォン・ブラウンを連れ戻すために派遣されたエージェント、レミー・コーションだった。コートに帽子、内ポケットに銃を隠したくわえタバコの主人公が、コンピュータが支配する街を暗躍。撮影はパリ市内だが、撮影や効果音で不気味な異世界を作り上げた。主人公と記憶を消された美女が車で街を脱出するラストは、デッカードとレイチェルの姿とだぶる。

1966
『華氏451』
FAHRENHEIT 451

1966年イギリス・フランス合作映画／監督＝フランソワ・トリュフォー／出演＝オスカー・ウェルナー、ジュリー・クリスティ、シリル・キューザック、アントン・ディフリング、ジェレミー・スペンサー、アレックス・スコット

ブラッドベリの代表作を寓話テイストで映画化。あらゆる情報がモニターを通して提供される平和な未来、書物は反社会的だとして〝ファイアマン〟に焼却されていた。ところがファイアマンのガイ自身も本の魅力にとりつかれてしまう。ネット社会の今、より説得力を持つ1本。ファイアマンのコスチュームや小型テレビなど、衣裳や小道具で未来感を演出している。

写真協力：公益財団法人川喜多記念映画文化財団

1971
『地球最後の男／オメガマン』
THE OMEGA MAN

1971年アメリカ映画／監督＝ボリス・セイガル／原作＝リチャード・マシスン／出演＝チャールトン・ヘストン、ロザリンド・キャッシュ、アンソニー・ザーブ、ポール・コスロ、リンカーン・キルパトリック、エリック・ラニューヴィル、ジル・ジラルディ

マシスンの「吸血鬼」の映画化。細菌戦争で疫病が蔓延し、人類が死に絶えた近未来。ワクチンによって生き延びた科学者は、黒衣に身を包んだ謎の集団の襲撃を受ける。細菌で生まれた新人類と旧人類による、種の存亡を懸けた戦いの物語。主人公が暮らす、衣食住から娯楽施設まで、あらゆるものが満たされた白日夢のような無人のロスが不気味。

『THX-1138』
THX 1138

1971年アメリカ映画／監督＝ジョージ・ルーカス／出演＝ロバート・デュヴァル、マギー・マコーミー、ドナルド・プレザンス、イアン・ウルフ

自身の短編映画をベースにしたルーカスの長編デビュー作。当局の監視のもと、人々が安全な地下シェルターで暮らす25世紀。THX-1138はLUH-3417と禁じられた〝愛〟を交わし、追われる身となる。無菌室を思わせる居住区、無気力に〝ただ生きる〟だけの人々など、人間性を排除した世界は圧巻。モノトーン調の色彩を含め、その映像は多くの同型作品に引用されている。

『時計じかけのオレンジ』
A CLOCKWORK ORANGE

1971年イギリス映画／監督＝スタンリー・キューブリック／出演＝マルコム・マクダウェル、パトリック・マギー、エイドリアン・コリ、オーブリー・スミス、マイケル・ベイツ、スティーヴン・バーコフ

イギリスの作家バージェスの長編をブラックユーモアを利かせて映画化。治安が悪化し、道徳観が消えつつある未来のロンドン。欲望のままに生きるギャングの少年アレックスは、政府による洗脳計画〝ルドヴィコ療法〟のモルモットに選ばれる。先鋭的なセットデザインは、後に『ス

写真協力：公益財団法人川喜多記念映画文化財団

ター・ウォーズ』(77)を手がけるジョン・バリー。

1972
『赤ちゃんよ永遠に』
Z.P.G.

1972年イギリス・アメリカ合作映画／監督＝マイケル・キャンパス／特撮＝デレク・メディングス／出演＝オリヴァー・リード、ジェラルディン・チャップリン、ドン・ゴードン、ダイアン・シレント、ビアギッテ・フェダースピール、デヴィッド・マーカム

21世紀、人口増加と食糧難を受け、世界連邦会議は30年間にわたり出産の禁止を決定。秘密裏に子供を作った夫婦は、保安警察を振り切り脱出するが……。子供の姿をしたロボットをあやす人々の姿がうら寂しい。

未来都市のミニチュアやロボットのアニマトロニクスは、『サンダーバード』(64～66)のデレク・メディングスが監修。

1973
『ソイレント・グリーン』
SOYLENT GREEN

1973年アメリカ映画／監督＝リチャード・フライシャー／原作＝ハリー・ハリソン／出演＝チャールトン・ヘストン、エドワード・G・ロビンソン、リー・テイラー＝ヤング、チャック・コナーズ、ジョセフ・コットン、ブロック・ピータース

『ミクロの決死圏』(66)のフライシャー監督によるSF大作。人口増加による物資不足に襲われた2022年。人々は毎週配給されるソイレント社の人口食品で食いつないでいた。ソイレント幹部の殺人事件を追う刑事は、彼らの製品の材料が人肉だったことをつきとめる。美しいパノラマ映像で入所者を涅槃に誘う〝ホーム〟の仕掛けがユニーク。

写真協力：公益財団法人川喜多記念映画文化財団

1973
『スリーパー』
SLEEPER

1973年アメリカ映画／監督＝ウディ・アレン／出演＝ウディ・アレン、ダイアン・キートン、ジョン・ベック、メアリー・グレゴリー、ドン・キーファー、ドン・マクリアム、バートレット・ロビンソン、ブライアン・エイヴリー

200年後の世界に行った男を描いたコメディ。冷凍冬眠により2173年に目覚めたマイルズは、洗脳され未来社会に適合するが、独裁政権へのレジスタンス活動に巻き込まれてしまう。未来カーやロボットペット、セックスマシンなどユニークなガジェットが次々に登場。

写真協力：公益財団法人川喜多記念映画文化財団

1974
『電子頭脳人間』
THE TERMINAL MAN

1974年アメリカ映画／監督＝マイク・ホッジス／出演＝ジョージ・シーガル、ジョーン・ハケット、リチャード・ダイサート、ドナルド・モファット、マイケル・C・グウィン、ウィリアム・ハンセン、ジル・クレイバーグ、ノーマン・バートン

クライトンの原作を『フラッシュ・ゴードン』(80)のホッジスが映画化。コンピュータ工学の権威ハリーは、暴力的な発作を抑えるため脳にチップを装着。発作が起こると自動的に発作を抑える電波を送るのだが……。コンピュータにより人間性が壊れる様が、スリリングに描かれる。

1975
『ローラーボール』
ROLLERBALL

1975年アメリカ映画／監督＝ノーマン・ジュイソン／原作＝ウィリアム・ハリソン／出演＝ジェームズ・カーン、ジョン・ハウスマン、モード・アダムス、モーゼス・ガン、ラルフ・リチャードソン、パメラ・ヘンズリー、ジョン・ベック

近未来のプロスポーツ界を描くアクション大作。巨大企業に管理された21世紀。各企業は人々の闘争心を、過激なスポーツ〝ローラーゲーム〟に向かわせていた。スリリングなゲームの裏側に流れる、冷徹な企業倫理が戦慄を呼ぶ。

写真協力：公益財団法人川喜多記念映画文化財団

『デス・レース2000年』
DEATH RACE 2000

1975年アメリカ映画／監督＝ポール・バーテル／出演＝デヴィッド・キャラダイン、シモーネ・グリフェス、ロバータ・コリンズ、シルヴェスター・スタローン、ルイザ・モリッツ、メアリー・ウォロノフ、ドン・スティール、ジョイス・ジェームソン

ロジャー・コーマン製作のSFカーアクション。西暦2000年、アメリカで絶大な人気を誇る大陸横断のカーレース〝デス・レース〟。それは速さに加え、ゴールまでいかに多くの人間を殺すかを競う競技だった。赤ん坊から老人まで容赦なく轢き殺す過激なレースが、独裁国家VSレジスタンスの抗争を絡めて描かれる。コーマンらしい毒気に満ちた1本。

1976
『未来世界』
FUTUREWORLD

1976年アメリカ映画／監督＝リチャード・T・ヘフロン／出演＝ピーター・フォンダ、ブライス・ダナー、アーサー・ヒル、ユル・ブリンナー、スチュアート・マーゴリン、ジョン・P・ライアン、ジム・アントニオ

ロボットが人々を襲う『ウエストワールド』(73)の続編。ハイテク遊園地デロス・ランドに、新アトラクション〝未来世界〟がオープン。お披露目に招待された各国の高官た

ちは、次々にアンドロイドに入れ替えられてゆく。人為的なミスを防ぐため導入されたコンピュータが、人間の排除こそが地球のためだと判断する。

『2300年未来への旅』
LOGAN'S RUN

1976年アメリカ映画／監督＝マイケル・アンダーソン／原作＝ウィリアム・F・ノーラン、ジョージ・クレイトン・ジョンソン／出演＝マイケル・ヨーク、ジェニー・アガター、ピーター・ユスティノフ、ファラ・フォーセット＝メジャース、ロスコー・リー・ブラウン

戦争による大気汚染により、人々が巨大なドーム内で暮らす2274年。人間は30歳で〝生まれ変わる〟ことが義務づけられていた。掟を破った逃亡者を取り締まるローガンは、ドームの外に長寿を謳歌する人たちがいると知る。コンピュータの管理社会に抵抗する人々の物語。ドームシティや崩壊した旧市街地など大がかりなSFXが見もの。

1981
『ニューヨーク1997』
ESCAPE FROM NEW YORK

1981年アメリカ映画／監督＝ジョン・カーペンター／出演＝カート・ラッセル、リー・ヴァン・クリーフ、アイザック・ヘイズ、ドナルド・プレザンス、ハリー・ディーン・スタントン、エイドリアン・バーボー、アーネスト・ボーグナイン

犯罪者が暮らす監獄と化したニューヨークに大統領専用機が墜落。首に時限爆弾を仕掛けられた犯罪王スネークは、命と引き換えに大統領救出を命じられる。地獄のようなニューヨーク名所で繰り広げられるサヴァイヴァル。ビル群や街の遠景は、ミニチュアやマット画で映像化された。

写真協力：公益財団法人川喜多記念映画文化財団

1982
『愛の終焉　カフェ・フレッシュ』
CAFE FLESH

1982年アメリカ映画／監督＝リンス・ドリーム／出演＝マリー・シャープ、ピア・スノウ、ダーシー・ニコルズ、アンディ・ニコルズ、ジョーイ・レノン

核戦争後の世界を退廃的に描いたハードコアポルノ。第3次世界大戦の影響で、性行為に拒否反応を起こす人間が続出。希少種となった現役組は政府の管理下に置かれ〝カフェ・フレッシュ〟のステージでのみ性行為が許されていた。照明や装飾によって、エキセントリックな未来のカフェを映像化。

1983
『バトルランナー2030』
THE PRIZE OF PERIL

1983年フランス・ユーゴスラビア合作映画／監督＝イヴ・ボワッセ／原作＝ロバート・シェクリイ／出演＝ミシェル・ピッコリ、マリー＝フランス・ピジェ、ブルーノ・クレメル、ジャン＝クロード・ドレフュス、アンドレア・フェレオル、アンリ＝ジャック・ユエ

シェクリイの短編「危険の報酬」の映画化。失業者があふれる近未来。人々は日頃のストレスを、挑戦者が5人のハンターから逃げ切れば勝者となる逃走ゲーム「危険の報酬」で晴らしていた。『バトルランナー』(87)の先駆的SFスリラー。ハンターは実弾を入れたマシンガンを手に執拗に挑戦者を追跡する。平凡な街角で繰り広げられる、容赦なき人間狩りが怖い。

1984
『サイボーグ・ハンター／ニューヨーク2019年』
2019: AFTER THE FALL OF NEW YORK

1984年イタリア・フランス合作映画／監督＝マーティン・ドルマン／出演＝マイケル・ソプキー、ヴァレンタイン・モニエ、アンナ・カナキス、ローマン・ギア、ヴィンセント・スカロンドロ、ジョージ・イーストマン

核戦争により文明は崩壊し、暴力が支配する2019年。放射能の影響で女性は生殖能力を失っていた。アラスカ基地でアメリカ再建を目指すグループは、受胎能力を持つ女性を確保するため戦士をニューヨークに派遣する。ミニチュアセットで描いた、崩壊したNYやアラスカ基地の情景が楽しい。

『1984』
NINETEEN EIGHTY-FOUR

1984年イギリス映画／監督＝マイケル・ラドフォード／原作＝ジョージ・オーウェル／出演＝ジョン・ハート、リチャード・バートン、スザンナ・ハミルトン、シリル・キューザック、グレゴール・フィッシャー、ジェームズ・ウォーカー

オーウェルの原作を、物語の舞台と同じ84年に映画化。全体主義国家オセアニアで、国家に疑念を抱いた真理省の職員ウィンストンが、同じ思いを共有するジュリアと恋に落ちるが……。徹底した洗脳でウィンストンが従順な国民となるラストがもの悲しい。質素なセットや無骨なマシンの数々、彩度を落とした撮影など凝ったヴィジュアルが絶望感を醸し出す。同年には、「一九八四年」をモチーフにリドリー・スコットが監督したアップルコンピュータの60秒CMも登場した。

写真協力：公益財団法人川喜多記念映画文化財団

1985
『未来世紀ブラジル』
BRAZIL

1985年イギリス・アメリカ合作映画／監督＝テリー・ギリアム／出演＝ジョナサン・プライス、キム・グライスト、ロバート・デ・ニーロ、イアン・ホルム、キャサリン・ヘルモンド、ボブ・ホスキンス、マイケル・パリン

管理社会を痛烈に皮肉ったギリアム版「一九八四年」。あらゆることが管理された全体主義国家〝ブラジル〟。情報管理局の役人がハエを叩き殺したのをきっかけに、次々とトラブルが巻き起こる。ダクトやパイプ、奇妙なガジェットで埋め尽くされた世界で、妄想に囚われた連中が大騒動を巻き起こす。不要な者は容赦なく切り捨てられる結末が怖い。

写真協力：公益財団法人川喜多記念映画文化財団

『未来警察』
RUNAWAY
1985年アメリカ映画／監督＝マイケル・クライトン／出演＝トム・セレック、ジーン・シモンズ、シンシア・ローズ、カースティ・アレイ、G・W・ベイリー、スタン・ショウ、ジョーイ・クレイマー、クリス・マルケイ

クライトンがオリジナルストーリーを自ら監督。近未来の大都市でロボットが制御不能になる事件が多発。ロボット担当のラムゼー警部補は、問題のロボットたちに特殊な回路が埋め込まれているのを発見する。クライトンらしいテクノロジーの誤用を描いたスリラー。昆虫型ロボットなど多彩なガジェットも見どころ。

1987

『ロボコップ』
ROBOCOP
1987年アメリカ映画／監督＝ポール・ヴァーホーヴェン／特撮＝フィル・ティペット／特殊メイク＝ロブ・ボッティン／出演＝ピーター・ウェラー、ナンシー・アレン、ダニエル・オハーリヒー、ロニー・コックス、カートウッド・スミス、ミゲル・フェーラー

写真協力：公益財団法人川喜多記念映画文化財団

デトロイト警察の運営が大企業オムニ社に委ねられた近未来。警察官のロボット化を推進する同社は、テストケースとして重体の警官をサイボーグ化したロボコップを現場に投入する。資本主義の暴走を皮肉ったヴァーホーヴェンの出世作。サイボーグ警官ロボコップとロボット警官ED-209のメカバトルも必見。

『バトルランナー』
THE RUNNING MAN
1987年アメリカ映画／監督＝ポール・マイケル・グレイザー／原作＝リチャード・バックマン（スティーヴン・キング）／出演＝アーノルド・シュワルツェネッガー、マリア・コンチータ・アロンゾ、ヤフェット・コットー、リチャード・ドーソン、ジム・ブラウン、ジェシー・ヴェンチュラ、アーランド・ヴァン・リドス

警察国家により、すべてのメディアがコントロールされた2017年。無実の罪で収監された警官ベンは、その度胸を見込まれハイテク殺人ゲーム番組「ランニングマン」にエントリーさせられる。大衆コントロールや倫理の欠如など、メディア批判ベースにした痛快アクション。

1990

『トータル・リコール』
TOTAL RECALL
1990年アメリカ映画／監督＝ポール・ヴァーホーヴェン／原作＝フィリップ・K・ディック／特殊メイク＝ロブ・ボッティン／出演＝アーノルド・シュワルツェネッガー、レイチェル・ティコティン、シャロン・ストーン、マイケル・アイアンサイド、ロニー・コックス、マーシャル・ベル

ディックの「追憶売ります」を映画化。記憶が売買される近未来。人工記憶で憂さ晴らしをしようとした肉体労働者ダグラスは、理由も分からないまま警察から追われることに。やがて彼は、自分が「平凡な男の記憶」を植え付けられ捜査官だったことを知る。あらゆる行動が監視可能なハイテク都市で、組織に立ち向かう主人公の活躍が見どころ。

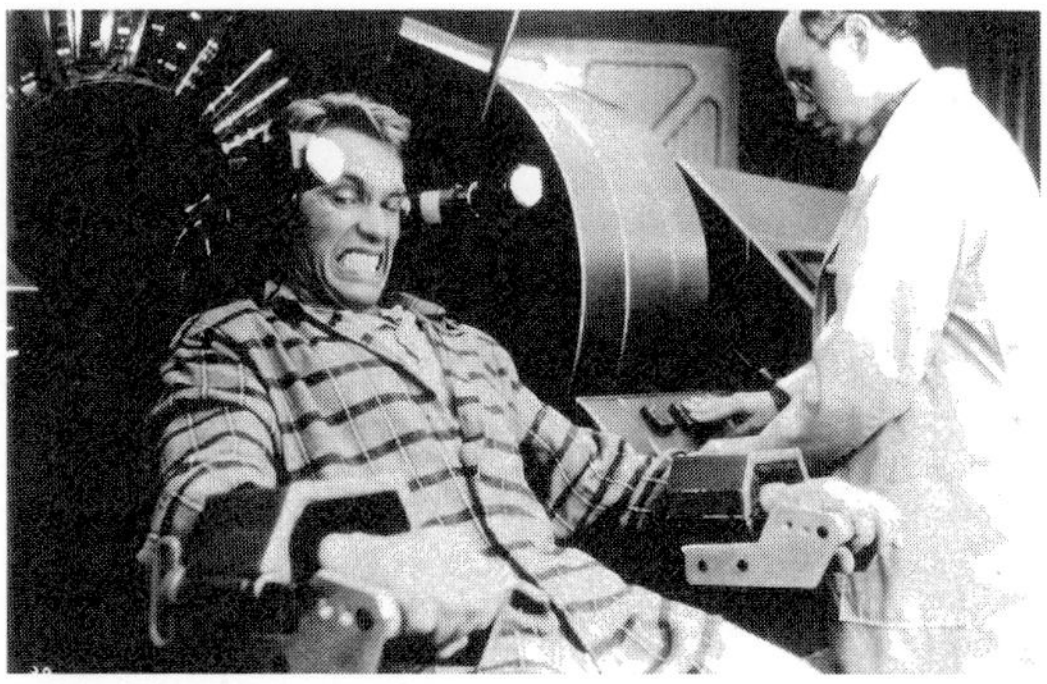

写真協力：公益財団法人川喜多記念映画文化財団

『クラス・オブ・1999』
CLASS OF 1999
1990年アメリカ映画／監督＝マーク・L・レスター／出演＝ブラッドリー・グレッグ、トレイシー・リン、マルコム・マクダウェル、ステイシー・キーチ、パトリック・キルパトリック、パム・グリア、ジョン・P・ライアン

教育の現場にも暴力が蔓延した1999年。シアトルの高校にアンドロイドの教師が導入され、激しい体罰で生徒を鎮圧しはじめた。不穏分子の殲滅を図る学校側に、不良グループが立ち上がる。ロボット教師の提唱者で、教育委員長も務めるロボット博士、フォレストの暴走ぶりもすさまじい。

『ロボ・ジョックス』
ROBOT JOX
1990年アメリカ映画／監督＝スチュアート・ゴードン／出演＝ゲイリー・グレアム、アン＝マリー・ジョンソン、ポール・コスロ、ロバート・サンプソン、ダニー・カメコナ、ヒラリー・メイソン、マイケル・オールドレッジ

核戦争後、東西ふたつの巨大国家に統合された50年後の世界。人類は戦争を封印し、巨大ロボットの一騎打ちにより領土問題に決着をつけていた。先の戦争で人類の大半は死に絶えたが、大気は汚れ、家の外でマスクは必須。見どころはメカバトルだが、領土拡張のため戦争を続けざるを得ない過酷な事情も見てとれる。

1992

『ネメシス』
NEMESIS
1992年アメリカ映画／監督＝アルバート・ピュン／出演＝オリヴィエ・グラナー、ティム・トマーソン、マージョリー・モナハン、マーレ・ケネディ、ブライオン・ジェームズ、ケイリー＝ヒロユキ・タガワ、デボラ・シェルトン

人工臓器の普及によって、地球人口の実に9割がサイボーグ化された2027年。元警官のアレックスは、かつて上司だったLAPDの長官からテロ計画阻止の仕事を持ちかけられる。悪のサイボーグ軍団との死闘を描いたヴァイオレンス。SFXを駆使したアクションが見どころ。

1993

『デモリションマン』
DEMOLITION MAN
1993年アメリカ映画／監督＝マルコ・ブランビヤ／出演＝シルヴェスター・スタローン、ウェズリー・スナイプス、サンドラ・ブロック、ナイジェル・ホーソーン、ベンジャミン・ブラット、デニス・リアリー

人質を犠牲にしたため、犯人フェニックスと共に冷凍の刑に処された刑事ジョン。2032年に保釈され脱獄したフェニックスを逮捕するため、ジョンに白羽の矢が立った。電流が流れる警棒グローロッドや大型銃マグネティック・アクセルレータ

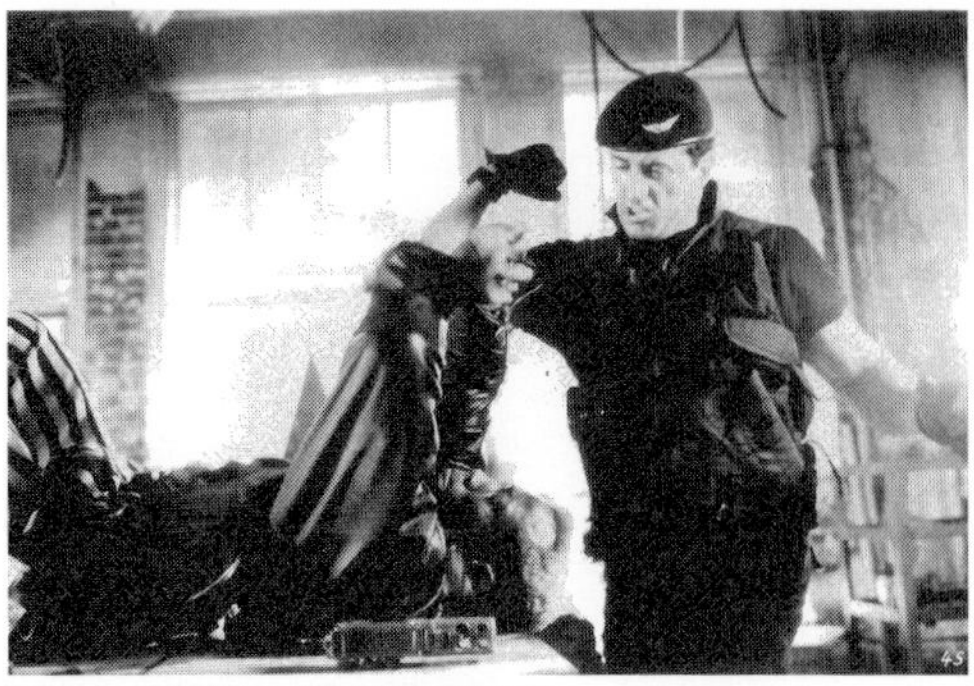

写真協力：公益財団法人川喜多記念映画文化財団

ーガンなど未来の武器が登場するが、野人スタローンとスナイプスには効果なし。

1994

『タイムコップ』
TIMECOP

1994年アメリカ映画／監督＝ピーター・ハイアムズ／原作＝マイク・リチャードソン、マーク・ヴァーヘイデン／出演＝ジャン＝クロード・ヴァン・ダム、ミア・サラ、ロン・シルヴァー、ブルース・マッギル、グロリア・ルーベン、スコット・ベリス、ジェイソン・ションビング、スコット・ローレンス

ダークホースのコミックを映画化したSFアクション。2004年タイムマシンが完成。時間の治安を守るためTEC（時空管理委員会）が結成された。元警官の〝タイムコップ〟マックスは、時間を自由に操ろうと目論む議員の野望に挑む。ヴィジュアルコンサルタントはハイアムズ作品の常連シド・ミード。TEC本部やゲームマシン風のタイムマシン、乗用車に個性が光る。

『オートマティック2033』
AUTOMATIC

1994年アメリカ映画／監督＝ジョン・マーロウスキー／出演＝オリヴィエ・グラナー、ダフネ・アッシュブルック、ジョン・グローヴァー、ジェフ・コーバー、ペニー・ジョンソン、マージーン・ホールデン

サイボーグが実用化された2033年。新開発の護衛マシン、オートマティックJ269が、社内でレイプ被害者を救おうとした挙げ句、犯人の男性社員を殺害してしまう。会社は事件をもみ消すため、被害女性とJ269の抹殺を図る。迷路のようなハイテク・ビルを舞台に描く、管理社会からの脱出劇。

『デスマシーン』
DEATH MACHINE

1994年イギリス映画／監督＝スティーヴン・ノリントン／ミニチュアSFX＝ロイ・スコット／特殊メイク＝デーヴ・エルシー／出演＝ブラッド・ドゥーリフ、エリ・プージェ、リチャード・ブレイク、ウィリアム・フットキンス、アンドレアス・ウィズニュースキー、ジョン・シャリアン

『エイリアン2』（86）などのSFXに参加したノリントンの監督デビュー作。人間から恐怖心を奪い、最強の戦士にするハードマン計画が座礁した軍需企業チャンク社。解雇を言い渡されたプロジェクト・リーダーは、殺人ロボ・デスマシーンで邪魔者を消してゆく。要塞のような社内で、閉じ込められた社員らがサヴァイヴァルを強いられる。

『レプリケーター』
REPLIKATOR

1994年アメリカ・カナダ合作映画／監督＝G・フィリップ・ジャクソン／出演＝マイケル・セント・ジェラルド、ブリジット・バーコ、ネッド・ビーティ、イロナ・スターラ、デヴィッド・ヘンブレン、リサ・ハワード、ロン・レア

自然は破壊しつくされ、巨大ビル街とスラム街が広がる2014年。若き天才科学者ルドは人間のコピー〝レプリケーター〟テクノロジーを完成させる。しかし事故により、凶暴な性格を持った自身のレプリケーターが誕生。街に出て暴れはじめた。荒廃したスラムの街並みは『ブレードランナー』を意識したデザイン。

1995

『JM』
JOHNNY MNEMONIC

1995年アメリカ映画／監督＝ロバート・ロンゴ／出演＝キアヌ・リーヴス、北野 武、ディナ・メイヤー、アイス・T、ドルフ・ラングレン、ヘンリー・ロリンズ、ウド・キア、バルバラ・スコヴァ

サイバーパンクの旗手ギブスンが、自身の短編「記憶屋ジョニイ」を脚本化したSFサスペンス。世界中がネットワークで繋がった2021年。情報を脳内のチップに記録して運ぶ〝記憶屋〟ジョニー・ネモニックが、巨大企業の陰謀に巻き込まれる。後頭部にプラグを挿したキアヌがサイバー空間で活躍する、『マトリックス』の先駆け的な作品。シド・ミードがサイボーグ化されたイルカのジョーンズなどをデザインした。

『ジャッジ・ドレッド』
JUDGE DREDD

1995年アメリカ映画／監督＝ダニー・キャノン／出演＝シルヴェスター・スタローン、アーマンド・アサンテ、ロブ・シュナイダー、ユルゲン・プロフノウ、マックス・フォン・シドー、ダイアン・レイン、ジョアンナ・マイルズ、ジョアン・チェン、バルサザール・ゲティ

同名コミックの映画化。核戦争後の2139年、生き残った人々は巨大都市メガシティで暮らしていた。街では、犯人逮捕から刑執行までをその場で行うエリート集団ジャッジが犯罪に対処。中でも優秀なジャッジ・ドレッドは、遺伝子操作で最強のジャッジを作る極秘計画の産物だった。狭い区画に重なるように高層ビルが建ち並ぶメガシティは壮観。

『ストレンジ・デイズ　1999年12月31日』
STRANGE DAYS

1995年アメリカ映画／監督＝キャスリン・ビグロー／原案＝ジェームズ・キャメロン／出演＝レイフ・ファインズ、アンジェラ・バセット、ジュリエット・ルイス、トム・サイズモア、マイケル・ウィンコット、ヴィンセント・ドノフリオ

キャメロン、ビグローのコンビによるSFアクション。1999年、暴力と犯罪がはびこる近未来のロサンゼルス。他人の体験を体感できる過激なマシン〝スクイッド〟を密売していた元警官が、レイプ殺人を記録したデータの出所を追う。スクイッドは、ドラッグより体に優しく心に危険な、人間を限界までダメにするディストピアへの渡し船。叩きつけるようなビグローのPOV映像も見どころ。

写真協力：公益財団法人川喜多記念映画文化財団

『バーチュオシティ』
VIRTUOSITY

1995年アメリカ映画／監督＝ブレット・レナード／出演＝デンゼル・ワシントン、ケリー・リンチ、ラッセル・クロウ、スティーヴン・スピネラ、ウィリアム・フォーサイス、ルイーズ・フレッチャー、ウィリアム・フィクトナー

1999年のロサンゼルス。今後起こりえる凶悪犯罪に備え、合衆国政府はあらゆる犯罪者のデータをヴァーチャル世界で擬人化し分析を行うLETECを創設。しかし、最悪の犯罪者のデータから生まれた仮想犯罪者シド6・7は、自らボディを生成して現実世界に逃げてしまう。舞台（公開時）はほんの少しだけ先の未来。ILMのSFX美術出身で『JM』を手がけたニロ・ロディス＝ジャメロが美術を担当。

1996

『エスケープ・フロム・L.A.』
ESCAPE FROM L.A.

1996年アメリカ映画／監督＝ジョン・カーペンター／出演＝カート・ラッセル、ステイシー・キーチ、スティーヴ・ブシェミ、ピーター・フォンダ、ジョージ・コラフェイス、ブルース・キャンベル、ヴァレリア・ゴリノ、パム・グリア、A・J・ランガー

『ニューヨーク1997』の続編。

2013年。父の退陣を求める大統領の娘が、政府が極秘裏に開発した兵器を奪い、大地震で孤島と化した監獄島のロスに逃亡。彼女を確保するため再びスネークが駆り出される。今作はロスのランドマークの数々がアウトローで埋め尽くされる。地球を暗黒時代に突き落とすラストも痛快。

写真協力：公益財団法人川喜多記念映画文化財団

『ニルヴァーナ』
NIRVANA

1996年フランス・イタリア合作映画／監督＝ガブリエレ・サルヴァトレス／出演＝クリストファー・ランバート、ディエゴ・アバタントゥオーノ、セルジオ・ルビーニ、ステファニア・ロッカ、エマニュエル・セイナー、アマンダ・サンドレッリ、クラウディオ・ビシオ

仮想世界を絡めたサスペンス。2050年12月21日。ゲームソフト〝ニルヴァーナ〟を開発中のジミーは、プログラムに自我に与えるウィルスで覚醒したゲームのキャラクターから、自分を解放してくれと懇願される。雪が降る街角は雑多な人種でごったがえし、人々が立ち食いスタンドで食事をするなど『ブレードランナー』への傾倒ぶりが微笑ましい。

1997

『フィフス・エレメント』
THE FIFTH ELEMENT

1997年フランス・アメリカ合作映画／監督＝リュック・ベッソン／特撮監修＝マーク・ステットソン／出演＝ブルース・ウィリス、ゲイリー・オールドマン、イアン・ホルム、ミラ・ジョヴォヴィッチ、クリス・タッカー、ルーク・ペリー、ブライオン・ジェームズ

5000年に一度、地球に近づく邪悪な反生命体が接近していた2214年。NYのタクシー運転手コーベンは、地球の命運を左右する謎の美少女と出会う。当初エンキ・ビラルが担当するはずだったコンセプト画を、『ブレードランナー』にも協力したコミック作家メビウスが担当。ビルの間を車が等間隔で飛び回るNY景観など、色鮮やかでユーモラスな味わいが魅力。

『ガタカ』
GATTACA

1997年アメリカ映画／監督＝アンドリュー・ニコル／出演＝イーサン・ホーク、ユマ・サーマン、アラン・アーキン、ジュード・ロウ、ローレン・ディーン、ゴア・ヴィダル、アーネスト・ボーグナイン

ニコルの長編デビュー作。胎児の段階で劣性遺伝子の排除が可能になった近未来。宇宙飛行士に憧れながら遺伝子検査で不合格となった自然分娩で産まれたヴィンセントは、DNAブローカーの仲介で最高級の遺伝子を持つ男に接触する。未来都市の景観は50～60年代の近代建築物で撮影。美しいカーブを持った建物が温かみある未来感を生み出した。

『ティコ・ムーン』
TYKHO MOON

1997年フランス・ドイツ・イタリア合作映画／監督＝エンキ・ビラル／出演＝ジュリー・デルピー、ヨハン・レイゼン、リシャール・ボーランジェ、ミシェル・ピッコリ、マリー・ラフォレ、ジャン＝ルイ・トランティニャン

リドリー・スコットが『ブレードランナー』に影響を与えた人物としてあげたコミック作家ビラルが監督したSFハードボイルド。独裁者マクビーが支配する月面の植民地。彼が謎の男〝ティコ・ムーン〟の行方を追うさなか、街には赤い髪の女殺し屋レナが現れる。舞台は使い古された乗用車が行き交う、20世紀のパリに似た月植民地。廃れかけた街並みに、ポップな色彩をちりばめた奇妙な異世界が味わえる。

1998

『ダークシティ』
DARK CITY

1998年アメリカ映画／監督＝アレックス・プロヤス／出演＝ルーファス・シーウェル、キーファー・サザーランド、ジェニファー・コネリー、ウィリアム・ハート、リチャード・オブライエン、イアン・リチャードソン、ブルース・スペンス

太陽が昇らない街ダークシティ。記憶喪失のまま謎の集団に追われる身となったマードックは、この街が実験のため連れてこられた人間たちが暮らす、異星人のラボだと知る。見えない支配者の力により、街が次々と姿を変えゆく様をミニチュアで映像化。〝作り物〟感を前面に出した箱庭的な世界が楽しい。

『トゥルーマン・ショー』
THE TRUMAN SHOW

1998年アメリカ映画／監督＝ピーター・ウィアー／出演＝ジム・キャリー、エド・ハリス、ローラ・リニー、ノア・エメリッヒ、ナターシャ・マケルホーン、ホーランド・テイラー

異色SFを次々に生み出すアンドリュー・ニコルの脚本作。平和な小島で判で押したような日々を送るトゥルーマン。ある日いつもと違う行動をした彼は、周囲の人々の奇妙な反応に気づく。実は彼はリアリティ番組の主人公だったのだ。人生がコントロールされていると知った男の脱出劇。すべてが〝セット〟な世界が面白い。

1999

『マトリックス』
THE MATRIX

1999年アメリカ映画／監督＝アンディ・ウォシャウスキー、ラリー・ウォシャウスキー／特撮＝ジョン・ゲイター／出演＝キアヌ・リーヴス、ローレンス・フィッシュバーン、キャリー＝アン・モス、ヒューゴ・ウィーヴィング、グロリア・フォスター、ジョー・パントリアーノ

ヴァーチャル空間で繰り広げるアクション大作。謎の美女に出会ったハッカーのネオは、この世界はAIが作り出したVR空間で、人間は生体電気エネルギーを生み出す発電機だと知らされる。収穫ポッドで培養される現実世界の人々、信じることで超人になれる仮想空間など、SFXを駆使した驚異の世界が味わえる。

『アンドリューNDR114』
BICENTENNIAL MAN

1999年アメリカ映画／監督＝クリス・コロンバス／出演＝ロビン・ウィリアムズ、エンベス・デイヴィッツ、サム・ニール、オリヴァー・プラット、キルステン・ウォーレン

200年にわたるロボットの成長物語。家事ロボットのNDR114号は、働く家の少女との交流を通し人間になることを夢見るようになる。ケーブルカーとモノレールが走る未来のサンフランシスコをはじめ、ニューヨークやワシントンDCの街並みはミニチュアとマット画で作成された。

2001

『A.I.』
ARTIFICIAL INTELLIGENCE:AI

2001年アメリカ映画／監督＝スティーヴン・スピルバーグ／原作＝ブライアン・オールディス／出演＝ハーレイ・ジョエル・オスメント、フランシス・オコナー、ジュード・ロウ、サム・ロバーズ、ブレンダン・グリーソン、ジェイク・トーマス、ウィリアム・ハート

キューブリックの企画を受け継い

だスピルバーグ版「ピノキオ」。出産が制限された近未来。不治の病の息子を持つ夫婦は、愛情をインプットされた少年型ロボット・デイヴィッドと暮らしはじめた。しかし息子の完治を受け、彼らはデイヴィッドを山に破棄してしまう。心を持ったロボットたちの末路がシヴィアに描かれる。

『クローン』
IMPOSTOR

2001年アメリカ映画／監督＝ゲイリー・フレダー／原作＝フィリップ・K・ディック／出演＝ゲイリー・シニーズ、マデリーン・ストー、ヴィンセント・ドノフリオ、トニー・シャルーブ、ティム・ギニー

ディックの短編「にせもの」の映画化。異星人と戦争状態にあった2079年の地球。人々は戦火を避けドームの中で暮らしていた。兵器開発担当の科学者スペンサーは、異星人に作られたレプリカだと疑いをかけられる。美術のネルソン・コーテスは、建築、医療機器の分野からアドヴァイザーを招聘。無骨でレトロな味わいを加えながら独特の未来都市を生み出した。

2002

『マイノリティ・リポート』
MINORITY REPORT

2002年アメリカ映画／監督＝スティーヴン・スピルバーグ／SFX＝ILM／出演＝トム・クルーズ、コリン・ファレル、サマンサ・モートン、マックス・フォン・シドー、ロイス・スミス、ピーター・ストーメア、ティム・ブレイク・ネルソン、スティーヴ・ハリス、キャスリン・モリス

ディックの短編「少数報告」の映画化。殺人予知システムが確立し、殺人事件の予測・事前逮捕が可能になった2054年。犯罪予防局のジョンは、36時間後に起きる殺人事件の容疑者にされてしまう。予知能力による強権的な警察機構を通し、人を裁くことの意味を問う。未来都市のデザインも秀逸。

『カンパニー・マン』
CYPHER

2002年アメリカ映画／監督＝ヴィンチェンゾ・ナタリ／出演＝ジェレミー・ノーサム、ルーシー・リュー、ナイジェル・ベネット、ティモシー・ウェッバー、デヴィッド・ヒューレット、アン・マリー・シェフラー

近未来のアメリカ。ハイテク化が進み快適な日々を送るモーガンは、スリルを求め産業スパイに転職する。そんなモーガンは、謎の美女から衝撃的な事実を告げられる。自分自身を洗脳したスパイの物語。ナタリらしい入り組んだ構成と、先鋭的なセットデザインも光る異色のスリラー。

『リベリオン』
EQUILIBRIUM

2002年アメリカ映画／監督＝カート・ウィマー／出演＝クリスチャン・ベイル、エミリー・ワトソン、テイ・ディグス、アンガス・マクファーデン、ショーン・ビーン、マシュー・ハーバー

第3次世界大戦後、指導者たちは感情を持つことを禁じた管理国家リブリアを建設。反乱者を取り締まる〝聖職者〟のプレストンが感情に目覚め、国家に疑念を抱いてゆく。無表情な人々が行き来する無機質な様式世界で、銃を取り入れた武道ガン＝カタで国家に挑む男を描く、アクション版『1984』。

2003

『CODE46』
CODE 46

2003年イギリス映画／監督＝マイケル・ウィンターボトム／出演＝サマンサ・モートン、ティム・ロビンス、ジャンヌ・バリバール、オム・プリ、エシー・デイヴィス

遺伝子レヴェルで管理された社会で、禁断の恋に落ちる男女の物語。環境破壊が進み、快適な都市部と荒涼とした無法地帯に分かれた近未来。違法な都市滞在許可証の調査のため上海を訪れたウィリアムは、法律で禁止された同じ遺伝子を持つ女性と恋に落ちる。最先端の未来と歴史が渾然一体とした上海の街並みが物語を盛り上げる。

『スパイキッズ3-D：ゲームオーバー』
SPY KIDS 3-D: GAME OVER

2003年アメリカ映画／監督＝ロバート・ロドリゲス／出演＝アントニオ・バンデラス、カーラ・グギーノ、アレクサ・ヴェガ、ダリル・サバラ、リカルド・モンタルバン、ホーランド・テイラー、シルヴェスター・スタローン

ちびっ子スパイ姉弟が活躍する人気シリーズ第3弾。弟ジュニが、悪のプログラマー、トイメイカーに囚われた姉カルメンを救うためヴァーチャル・ゲーム「ゲームオーバー」の世界に向かう。ゲームで子供たちを洗脳しようとするトイメイカー相手にスパイ一家が大暴れ。3D映画として公開された。

『ナチュラル・シティ』
NATURAL CITY

2003年韓国映画／監督＝ミン・ビョンチョン／特殊効果＝チョン・ドアン／出演＝ユ・ジテ、ソ・リン、イ・ジェウン、ユン・チャン、チョン・ドゥホン、チョン・ウンピョ

人間とアンドロイドが共存する2080年。脱走アンドロイドの犯罪が社会問題となる中、対アンドロイド専門の捜査官Rは、廃棄期限を過ぎた女性アンドロイドと恋に落ちる。『ブレードランナー』を彷彿とさせる設定だが、韓国映画らしくラストはビターテイスト。

『ペイチェック／消された記憶』
PAYCHECK

2003年アメリカ映画／監督＝ジョン・ウー／原作＝フィリップ・K・ディック／出演＝ベン・アフレック、アーロン・エッカート、ユマ・サーマン、コルム・フィオール、ジョー・モートン、ポール・ジアマッティ、マイケル・C・ホール

ディックの短編「報酬」の映画化。作業の記憶をリセットしながら数々の極秘プロジェクトを手がけてきたエンジニアのマイケル。3年間にわたる仕事を終えた彼は、なぜかFBIから追われる身となる。時間を超えるマシンを作った男が、世界の破滅を食い止める物語。さりげないセットや小道具で未来感を醸し出した

美術は『ロボコップ』のウィリアム・サンデル。

2004

『アイ，ロボット』
I, ROBOT

2004年アメリカ映画／監督＝アレックス・プロヤス／原作＝アイザック・アシモフ／出演＝ウィル・スミス、ブリジット・モイナハン、ブルース・グリーンウッド、シャイ・マクブライド、アラン・テュディック、ジェームズ・クロムウェル、シャイア・ラブーフ

アシモフの「われはロボット」をベースにしたオリジナルストーリー。2035年のシカゴ。ロボット製作の大手USR社での殺人事件を追う刑事スプーナーの前に、〝ロボット3原則〟に従ってプログラミングされていないロボット・サニーが現れる。ロボットと人間のあり方を問う1本。

『ゴッド・ディーバ』
IMMORTEL AD VITAM

2004年フランス映画／監督＝エンキ・ビラル／原作＝エンキ・ビラル／出演＝リンダ・アルディ、トーマス・クレッチマン、シャーロット・ランプリング、フレデリック・ピエロ、ヤン・コレット

ビラルが自作コミックを映画化。人間やミュータント、エイリアンが共生している2095年のNY。死刑を宣告された古代神ホルスは、革命家ニコポルの肉体を借り神の子を宿す女ミュータント・ジルの行方を追う。神すら死刑を宣告されてしまうこの街を支配していたのは、人工の臓器や皮膚を販売する大企業だった。

『サウンド・オブ・サンダー』
A SOUND OF THUNDER

2004年アメリカ・ドイツ合作映画／監督＝ピーター・ハイアムズ／出演＝エドワード・バーンズ、キャサリン・マコーマック、ベン・キングズレー、ジェミマ・ルーパー、デヴィッド・オイェロウォ

ブラッドベリの短編「いかずちの音」の映画化。タイムトラヴェルが娯楽になった2055年。タイム・サファリ社の白亜紀ツアー中の事故により、歴史が書き換えられてゆく。シド・ミードによるハイテク都市が、次々に押し寄せる〝時間の波〟で徐々に崩壊してゆくスペクタクルが見どころ。

2005

『アイランド』
THE ISLAND

2005年アメリカ映画／監督＝マイケル・ベイ／出演＝ユアン・マクレガー、スカーレット・ヨハンソン、ジャイモン・フンスー、スティーヴ・ブシェミ、ショーン・ビーン、マイケル・クラーク・ダンカン

クローンの倫理を問うサスペンス。人々が汚染された外部から遮断された施設で暮らす2019年。外の世界に興味を抱いた青年は、施設の目的が、富裕層の〝パーツ取り〟のためのクローン飼育だったと知る。人類家畜テーマの一種。

『イーオン・フラックス』
AEON FLUX

2005年アメリカ映画／監督＝カリン・クサマ／出演＝シャーリーズ・セロン、マートン・ソーカス、ジョニー・リー・ミラー、アメリア・ワーナー、ソフィー・オコネドー、フランシス・マクドーマンド

同名アニメの実写版。ウィルスで人類の99％が死滅した2415年。汚染された外界と壁で隔てられた都市国家ブレーニャで、元首一族に反政府組織の殺し屋が立ち向かう。見せかけの平和に立ち向かうヒロインの活躍を描くアクション。

2006

『ウルトラヴァイオレット』
ULTRAVIOLET

2006年アメリカ映画／監督＝カート・ウィマー／出演＝ミラ・ジョヴォヴィッチ、キャメロン・ブライト、ニック・チンランド、ウィリアム・フィクトナー、セバスチャン・アンドリュー

人類と、ウィルス感染で生まれた超人〝ヒモ・ファージ〟の争いを描く、『リベリオン』のウィマー監督作。21世紀末、ファージの女殺し屋ヴァイオレットは、政府の対ファージ最終兵器を奪取。それは体内に彼らを殺す抗原を持つ少年だった。超高層タワーが乱立する街並みは、CGと上海ロケを併用。

『トゥモロー・ワールド』
CHILDREN OF MEN

2006年アメリカ・イギリス合作映画／監督＝アルフォンソ・キュアロン／原作＝P・D・ジェイムズ／出演＝クライヴ・オーウェン、ジュリアン・ムーア、マイケル・ケイン、キウェテル・イジョフォー、チャーリー・ハナム、クレア＝ホープ・アシティ

ミステリ作家、ジェイムズの同名小説の映画化。人類が繁殖能力を失い、既存の国家が次々と崩壊した2027年。イギリスの官僚のセオは、反政府運動家の元妻から人類の希望となる少女を国外に連れ出してほしいと頼まれる。あふれる難民、街中で頻発する爆弾テロなど、近未来のリアルな惨状が怖い。

2007

『NEXT―ネクスト―』
NEXT

2007年アメリカ映画／監督＝リー・タマホリ／原作＝フィリップ・K・ディック／出演＝ニコラス・ケイジ、ジュリアン・ムーア、ジェシカ・ビール、トーマス・クレッチマン、トリー・キトルズ、ピーター・フォーク

自分に降りかかる2分先の未来を見ることができるクリスが、ロサンゼルスを核爆弾で消そうとするテロリストに立ち向かう。目的のためなら手段を選ばぬFBIの豪腕女エージェントが、クリスを拘束。『時計じかけのオレンジ』のアレック状態でまぶたを固定されたクリスは、爆弾犯のヒントを察知するまでテレビでニュース番組を見続けさせられる。

2008

『バビロンA.D.』
BABYLON A.D.

2008年アメリカ・フランス・イギリス合作映画／監督＝マチュー・カソヴィッツ／出演＝ヴィン・ディーゼル、ミシェル・ヨー、メラニー・ティエリー、ランベール・ウィルソン、マーク・ストロング、ジェラール・ドパルデュー、シャーロット・ランプリング

戦争やテロで荒廃した近未来。何でも屋の傭兵トーロップは、ある少女を新セルビアからアメリカに運ぶ仕事を請け負う。彼女は、世界の勢力図を塗り替える力を持っていた。遺伝子操作による超人で覇権を狙うカルト教団の物語。広告で埋め尽くされたまばゆい光を放つNYは、東京の夜景を思わせる。

『デス・レース』
DEATH RACE
2008年アメリカ映画／監督＝ポール・W・S・アンダーソン／出演＝ジェイソン・ステイサム、ジョーン・アレン、イアン・マクシェーン、ナタリー・マルティネス、タイリース・ギブソン、マックス・ライアン、ジェイコブ・バルガス、ジェイソン・クラーク

『デス・レース2000年』を新解釈でリメイク。2012年の経済破綻と犯罪の増加で困窮する刑務所は、運営を民間に委託。囚人を使った娯楽が次々と企画され、やがてカーレースで殺し合うデス・レースが誕生した。暴君のような所長により、囚人たちは容赦なく消費されてゆく。

2009

『サロゲート』
SURROGATES
2009年アメリカ映画／監督＝ジョナサン・モストウ／原作＝ロバート・ヴェンディティ、ブレット・ウェルデル／出演＝ブルース・ウィリス、ラダ・ミッチェル、ロザムンド・パイク、ボリス・コジョー、ジェームズ・フランシス・ギンティ、ヴィング・レイムス、ジェームズ・クロムウェル

同名コミックを『ターミネーター3』(03)のモストウが映画化したSFアクション。人間の代わりにサロゲート社のロボットが社会活動を行う未来世界。人々はロボットと意識をリンクさせ、外でマシンが見聞き、感じたことを家で味わっていた。理想的な容姿のアバターロボで埋め尽くされた街は、仮想空間と現実が入り混ざった不思議な世界。

『第9地区』
DISTRICT 9
2009年アメリカ・ニュージーランド合作映画／監督＝ニール・ブロムカンプ／出演＝シャールト・コプリー、デヴィッド・ジェームズ、ジェイソン・コープ、ヴァネッサ・ハイウッド、ナタリー・ボルト、シルヴァン・ストライク、ジョン・サムナー

南アフリカ共和国に、衰弱したエイリアンの大群が乗った宇宙船が飛来。それから28年、彼らは難民としてヨハネスブルグにある第9地区の仮設住宅に収容されていた。アパルトヘイトを下敷きに、最下層で過酷な暮らしを強いられる宇宙難民の現実を描いた異色作。南アフリカ出身のブロムカンプが、ディストピアをリアルに描き出す。

『GAMER』
GAMER
2009年アメリカ映画／監督＝ネヴェルダイン、テイラー／出演＝ジェラルド・バトラー、マイケル・C・ホール、アンバー・ヴァレッタ、ローガン・ラーマン、テリー・クルーズ、アリソン・ローマン、ジョン・レグイザモ

ゲームの世界で死闘に駆り立てられる男たちを描いたヴァイオレンス。死刑囚を操るオンラインゲームが人気を博す2034年。囚人たちは自由を懸けて、過酷なバトルに挑んでゆく。あくまでも戦い方は戦士ではなく、ゲームを行うプレイヤー主導という足枷が面白い。

『デイブレイカー』
DAYBREAKERS
2009年オーストリア・アメリカ合作映画／監督＝マイケル・スピエリッグ、ピーター・スピエリッグ／出演＝イーサン・ホーク、ウィレム・デフォー、クローディア・カーヴァン、マイケル・ドーマン、サム・ニール

ヴァンパイアに支配された世界を描くSFファンタジー。疫病の蔓延により、人類の大半がヴァンパイアと化した2019年。人間は捕獲され、血液の供給源として飼育されていた。人類の減少に対応するための代用血液の研究が、やがて両者の関係を変えてゆく。巨大な空間に首にチューブを挿された人間がずらり並んだ血液工場は恐ろしくも美しい。

2010

『レポゼッション・メン』
REPO MEN
2010年アメリカ映画／監督＝ミゲル・サポチニク／原作＝エリック・ガルシア／出演＝ジュード・ロウ、フォレスト・ウィテカー、リーヴ・シュレイバー、アリシー・ブラガ、カリス・ファン・ハウテン、チャンドラー・カンタベリー

政府が財政破綻を宣言した近未来。臓器売買が巨大市場と化したこの時代、ローンの支払いが滞った債権者から"使える臓器"を取り立てるレポゼッション・メンも大忙しだった。夜の街を車で流し、債務者を確保すると涼しい顔でその場で"さばき"、回収してゆくレポ・メンの姿がブラックなユーモアを交えて描かれる。

2011

『TIME／タイム』
IN TIME
2011年アメリカ映画／監督＝アンドリュー・ニコル／原作＝リー・フォーク／出演＝ジャスティン・ティンバーレイク、アマンダ・セイフライド、アレックス・ペティファー、キリアン・マーフィ、ヴィンセント・カーシーザー、マット・ボマー

遺伝子工学で老化は克服され、25歳以降は歳を取らない社会が実現。時間が通貨の役割を担い、貧困層の寿命は極端に短くなった。偶然出会った富豪から117年の寿命を譲られたスラムの青年がトラブルに巻き込まれる。優雅なたたずまいの富裕層の居住区と、貧困にあえぐスラム街。『マイノリティ・リポート』を手がけた美術のアレックス・マクダウェルは、過剰なデフォルメをせずリアルな超格差世界を生み出した。

『アジャストメント』
THE ADJUSTMENT BUREAU
2011年アメリカ映画／監督＝ジョージ・ノルフィ／原作＝フィリップ・K・ディック／出演＝マット・デイモン、エミリー・ブラント、アンソニー・マッキー、ジョン・スラッテリー、マイケル・ケリー

ディックの短編「調整班」の映画化。ダンサーのエリースと恋に落ちたデヴィッドは、謎の集団に拉致された。"運命調整局"と名乗る彼らは、世界のバランスを保つため人々の運命を調整する役割を担っているという。人々を監視、コントロールする支配層に抗い、自ら運命を切り開いてゆく男の物語。

2012

『アンチヴァイラル』
ANTIVIRAL
2012年アメリカ映画／監督＝ブランドン・クローネンバーグ／出演＝ケイレブ・ランドリー・ジョーンズ、サラ・ガドン、マルコム・マクダウェル、ダグラス・スミス、ジョー・ピングー、ニコラス・キャンベル

デヴィッド・クローネンバーグの息子、ブランドンの長編デビュー作。セレブが患ったウィルスが高額で取引される近未来。美貌のセレブ、ハ

ンナのウィルスを自らに注射した注射技師は、奇妙な幻覚に悩まされる。メディアが作り上げた幻想を盲目的に信奉する風潮をシニカルに描いた一作。自らデザインしたウィルスを培養させる〝細胞マシン〟や、記号的な映像に父親の影響が伺える。

『クラウド アトラス』
CLOUD ATLAS

2012年アメリカ映画／監督＝ラナ・ウォシャウスキー、トム・ティクヴァ、アンディ・ウォシャウスキー／原作＝デイヴィッド・ミッチェル／出演＝トム・ハンクス、ハル・ベリー、ジム・ブロードベント、ヒューゴ・ウィーヴィング、ジム・スタージェス、ペ・ドゥナ、ベン・ウィショー

時空を超えていくつものストーリーが展開する中、クローンを扱った一篇。2144年、全体主義国家ネ

オ・ソウル。遺伝子操作で生み出された給仕用クローン少女は自我に目覚め、革命戦士と恋に落ちる。運命は変えられると知った彼女は、信仰の対象になってゆく。継ぎ足されたような有機的なビル群が面白い。

『ジャッジ・ドレッド』
DREDD 3D

2012年イギリス・南アフリカ合作映画／監督＝ピート・トラヴィス／視覚効果監修＝ジョン・サム／出演＝カール・アーバン、レナ・ヘディ、オリヴィア・サールビー、ウッド・ハリス、ドーナル・グリーソン、ラングレー・カークウッド

同名コミックを原作テイストで映画化。8億人がひしめき合う、東海岸の巨大都市メガシティ・ワン。陪審員、裁判官、刑執行の権限を持つジャッジ・ドレッドは、超能力者の新人と共に、犯罪の巣窟ピーチツリー・ビルに向かう。女ボスが仕切る要塞のようなピーチツリーに代表される、死と犯罪が蔓延するメガシティ・ワンの荒廃ぶりは圧巻。

『ハンガー・ゲーム』
THE HUNGER GAMES

2012年アメリカ映画／監督＝ゲイリー・ロス／原作＝スーザン・コリンズ／出演＝ジェニファー・ローレンス、ジョシュ・ハッチャーソン、リアム・ヘムズワース、ウディ・ハレルソン、エリザベス・バンクス、レニー・クラヴィッツ、スタンリー・トゥッチ

コリンズの同名長編シリーズを映画化。首都キャピトルと12の隷属地区からなる独裁国家パネムでは、各地区から選出された男女ペアが最後の1人になるまで殺し合う〝ハンガー・ゲーム〟が開催されていた。独裁国家に1人反旗をひるがえす少女戦士の物語。贅を尽くしたキャピトルの景観も見もの。

『トータル・リコール』
TOTAL RECALL

2012年アメリカ映画／監督＝レン・ワイズマン／原作＝フィリップ・K・ディック／出演＝コリン・ファレル、ケイト・ベッキンセイル、ジェシカ・ビール、ブライアン・クランストン、ジョン・チョー、ビル・ナイ

90年版を意識した「追憶売ります」の再映画化。戦争で地表の多くが汚染され、わずかな土地を富裕層のブリテン連邦と、貧困層のコロニーが分け合う未来社会。記憶を消し平凡な労働者として暮らしていたエージェントが、連邦とコロニーを巡る陰謀に迫る。超ハイテク都市ブリテンと究極の貧民街コロニー、二極化した世界観や、地球を貫通し両都市を結ぶ巨大エレベーター、ザ・フォールのヴィジュアルは圧巻。美術デザインは、SFX出身のパトリック・タトポロスが手がけている。

2013

『エリジウム』
ELYSIUM

2013年アメリカ映画／監督＝ニール・ブロムカンプ／出演＝マット・デイモン、ジョディ・フォスター、シャールト・コプリー、アリシー・ブラガ、ディエゴ・ルナ、ワグネル・モウラ

危険で不潔な地球を離れ、富裕層はスペースコロニー〝エリジウム〟で優雅な日々を送る2154年。放射線を浴び余命わずかのマックスは、先端医療を受けるためエリジウムへの密航を画策する。病気すら克服したエリジウムと、今日を生き延びることすら困難な地球のコントラストがすさまじい。直径40キロのリング状の宇宙コロニー、エリジウムのデザインにはシド・ミードも参加。

『スノーピアサー』
SNOWPIERCER

2013年韓国・アメリカ・フランス合作映画／監督＝ポン・ジュノ／原作＝ジャン＝マルク・ロシェット、ジャック・ロブ／出演＝クリス・エヴァンス、ソン・ガンホ、ティルダ・スウィントン、ジェイミー・ベル、オクタヴィア・スペンサー

フランスのグラフィックノヴェルを映画化。階級闘争が寓話的に描かれる。地球温暖化を食い止められず氷河期に突入した2031年の地球。生き残ったのは、先頭車両から順に階級社会になった地球周回列車スノーピアサーの乗客だけだった。脱線しかけたりトンネルで暗闇に包まれたり、カーヴで見えた先頭車両を狙撃するなど、列車のロケーションを生かしたスリリングな展開も魅力。

『ゼロの未来』
THE ZERO THEOREM

2013年イギリス・ルーマニア・フランス・アメリカ合作映画／監督＝テリー・ギリアム／出演＝クリストフ・ヴァルツ、デヴィッド・シューリス、メラニー・ティエリー、ルーカス・ヘッジズ、マット・デイモン、ベン・ウィショー、ティルダ・スウィントン

ギリアムが『未来世紀ブラジル』に続き管理社会を題材にしたSFコメディ。コンピュータが支配する近未来。自宅勤務を望んだ天才コンピ

ュータ技師コーエンが、廃墟の教会で答えの出ない謎の数式〝ゼロの定理〟の解明に挑戦する。レトロとハイテクがカオスのように混在する世界観はギリアムならでは。

『ザ・ホスト 美しき侵略者』
THE HOST

2013年アメリカ映画／監督＝アンドリュー・ニコル／原作＝ステファニー・メイヤー／出演＝シアーシャ・ローナン、ジェイク・アベル、マックス・アイアンズ、フランシス・フィッシャー、チャンドラー・カンタベリー、ダイアン・クルーガー、ウィリアム・ハート、ボイド・ホルブルック

「トワイライト」シリーズのメイヤー原作の侵略SF。人間の肉体に宿り精神を支配する寄生生命体〝ソウル〟が飛来。都市部を支配したソウルは、荒野に逃げた人間たちを執拗に追い詰める。少女メラニーと彼女に宿った〝ワンダラー〟は葛藤の末、互いを受け入れてゆく。来訪者との共生の道を模索する異色のボディ・スナッチャーもの。

『スター・トレック イントゥ・ダークネス』
STAR TREK INTO DARKNESS

2013年アメリカ映画／監督＝J.J.エイブラムス／出演＝クリス・パイン、ザカリー・クイント、ゾーイ・サルダナ、ベネディクト・カンバーバッチ、ジョン・チョー、サイモン・ペッグ、カール・アーバン、ピーター・ウェラー

2259年、宇宙艦隊施設が相次いでテロの標的に。犯人の正体は、宇宙艦隊が遺伝子操作で生み出した最強の優生人類カーンだった。ロンドンの宇宙艦隊データ基地での自爆テロ、転送装置を使ったサンフランシスコ宇宙艦隊本部襲撃、エアカーが行き交うサンフランシスコ市内のチェイスなど地球を舞台に大暴れ。

2014

『オートマタ』
AUTOMATA

2014年ブルガリア・アメリカ・スペイン・カナダ合作映画／監督＝ガベ・イバニェス／出演＝アントニオ・バンデラス、ディラン・マクダーモット、メラニー・グリフィス、ビアギッテ・ヨート・ソレンセン、ロバート・フォスター

地球の砂漠化が進み、人類が存亡の危機を迎えた2044年。AIを搭載したオートマタは、労働力として不可欠な存在となっていた。ところが安全のためオートマタに課せられた〝原則〟を破る個体が発見された。AIと人間の共生を模索する物語。重く霧が立ちこめた市街地など、陰鬱なロケーションも魅力的。

『ギヴァー 記憶を注ぐ者』
THE GIVER

2014年アメリカ映画／監督＝フィリップ・ノイス／原作＝ロイス・ローリー／出演＝ジェフ・ブリッジス、メリル・ストリープ、ブレントン・スウェイツ、アレキサンダー・スカルスガルド、ケイティ・ホームズ、テイラー・スウィフト

ローリーの児童文学を映画化。すべてが厳重に管理され、誰もが平等で恐れや憎悪のない理想郷。人々は調和の代わりに感情や過去の記憶を捨て去っていた。記憶係に任命された少年は、〝記憶を注ぐ者〟との出会いによって、人間のあるべき姿を知る。〝違い〟を生むあらゆる要素が排除された世界で、平和に本当に必要なのは何かを問いかける。

『ダイバージェント』
DIVERGENT

2014年アメリカ映画／監督＝ニール・バーガー／原作＝ベロニカ・ロス／出演＝シェイリーン・ウッドリー、テオ・ジェームズ、アシュレイ・ジャッド、ジェイ・コートニー、レイ・スティーヴンソン、ゾーイ・クラヴィッツ、マイルズ・テラー

ロスの同名小説を映画化。最終戦争から200年後のシカゴ。人類は壁で囲まれた安全な街で、警察、研究、司法、政治、農耕と5つ派閥に分かれて暮らしていた。しかし、どれにも当てはまらない属性を持つ者たちは、異端者（ダイバージェント）の烙印を押され社会からはじき出されていた。それぞれの特色ごとにデザインされた5つの区域の情景が、壮大なSFX映像で描かれる。

2015

『ロスト・エモーション』
EQUALS

2015年アメリカ映画／監督＝ドレイク・ドレマス／出演＝ニコラス・ホルト、クリステン・スチュワート、ジャッキー・ウィーヴァー、ガイ・ピアース、トビー・ハス、デヴィッド・セルビー

リドリー・スコット製作総指揮によるSFロマンス。世界戦争で陸地の99.6%が破壊された未来。生き残った人々は、遺伝子操作で人間から感情を排除し平和な社会を作り上げていた。そんな中、感情を呼び起こす〝感染症〟が発生する。愛を知った若い男女の逃走劇。定番の設定だが、2人の感情面にフォーカスした構成が特徴的。

『トゥモローランド』
TOMORROWLAND

2015年アメリカ映画／監督＝ブラッド・バード／出演＝ジョージ・クルーニー、ブリット・ロバートソン、ヒュー・ローリー、ラフィー・キャシディ、トーマス・ロビンソン

17歳の高校生ケイシーは、あるピンバッジを手にしたことから未来都市〝トゥモローランド〟の存在を知る。彼女は、かつてトゥモローランドで働き、地球の滅亡を予測した天才学者と共に世界の危機を回避するため立ち上がるが……。最新テクノロジーであふれた理想郷は圧巻。

2016

『ハイ・ライズ』
HIGH-RISE

2016年イギリス映画／監督＝ベン・ウィートリー／原作＝J.G.バラード／出演＝トム・ヒドルストン、ジェレミー・アイアンズ、シエナ・ミラー、ルーク・エヴァンス、エリザベス・モス、ジェームズ・ピュアフォイ

バラードの「ハイ－ライズ」の映画化。1975年のロンドン。あらゆる設備を備えた夢の高層マンション、ハイライズ第一棟が完成。25階に入居した精神科医は、上層階に住む富裕層と、下層階の中流階層の人々の間に立たされる。実際より〝少し未来〟に描いた75年を舞台に、世界の創造主と彼を支える民がエゴむき出しで悲惨なバトルを展開。

『バーチャル・レボリューション』
VIRTUAL REVOLUTION

2016年アメリカ・フランス合作映画／監督＝ギイ＝ロジェ・デュヴェール／出演＝マイク・ドプド、ペトラ・シランダー、ニコラス・ファン・ベーフレン、マキシミリアン・プーレン、エリー・ハダッド

過半数の人々が仮想世界に生きる2047年のパリ。探偵ナッシュは、現実と仮想世界を行き来しながら仮想世界の崩壊を狙うテロリストを追う。街並みから衣裳、小道具まで『ブレードランナー』の影響が色濃く漂うSFハードボイルド。

『モーガン プロトタイプL-9』
MORGAN

2016年アメリカ映画／監督＝ルーク・スコット／出演＝ケイト・マーラ、アニヤ・テイラー＝ジョイ、トビー・ジョーンズ、ローズ・レスリー、ボイド・ホルブルック

リドリー・スコットの息子ルークの長編デビュー作。遺伝子工学によって生まれた人工生命体〝モーガン〟。5年で20歳の姿にまで成長した彼女は、自分を制御できず暴走をはじめる。人と人造人間を隔てるものは何か？『ブレードランナー』に通じるテーマを持った異色スリラー。

2017

『ゴースト・イン・ザ・シェル』
GHOST IN THE SHELL

2017年アメリカ映画／監督＝ルパート・サンダース／原作＝士郎正宗／出演＝スカーレット・ヨハンソン、ビートたけし、マイケル・カルメン・ピット、ピルー・アスベック、チン・ハン、ジュリエット・ビノシュ、ラザラス・ラトゥーリー

『GHOST IN THE SHELL 攻殻機動隊』の実写版。テクノロジーの進化で、自由な義体化が可能になった未来。脳以外すべて義体化された最強の工作員〝少佐〟がエリート捜査組織、公安9課に配属される。AR広告であふれた未来都市ニュー・ポート・シティーは香港を参考に作成。美術は、『ガタカ』のヤン・ロールフスが担当。

『ヴァレリアン』（原題）
VALERIAN AND THE CITY OF A THOUSAND PLANETS

2017年フランス映画／監督＝リュック・ベッソン／出演＝リアーナ、カーラ・デルヴィーニュ、デイン・デハーン、クライヴ・オーウェン／配給＝キノフィルムズ／2018年3月公開予定

時は28世紀、銀河パトロールのスペシャル・エージェントは、何千もの種族が集まる銀河系有数の大都市アルファに降り立った。しかしその内部では闇の力が動きはじめていた。きらびやかで、どこかレトロな世界が味わえるアドヴェンチャー。

『ブレードランナー2049』のコンセプト・スケッチ